Gemeinsam auf dem Jakobsweg

T0352575

Günter Fandel

Gemeinsam auf dem Jakobsweg

Eine Familie pilgert
nach Santiago

2., korrigierte Auflage

PETER LANG

Frankfurt am Main · Berlin · Bern · Bruxelles · New York · Oxford · Wien

Bibliografische Information der Deutschen Nationalbibliothek
Die Deutsche Nationalbibliothek verzeichnet diese Publikation
in der Deutschen Nationalbibliografie; detaillierte bibliografische
Daten sind im Internet über <http://www.d-nb.de> abrufbar.

Umschlagabbildung:
Eisenkreuz bei Foncebadón.
Privatbesitz.

Gedruckt auf alterungsbeständigem,
säurefreiem Papier.

ISBN-10: 3-631-56335-3
ISBN-13: 978-3-631-56335-9
© Peter Lang GmbH
Europäischer Verlag der Wissenschaften
Frankfurt am Main 2005
2., korrigierte Auflage 2007
Alle Rechte vorbehalten.

Printed in Germany 1 2   4 5 6 7
www.peterlang.de

Vorwort zur zweiten Auflage

Die erste Auflage war bereits zehn Monate nach ihrem Erscheinen ausverkauft. Über dieses Interesse an den Erlebnissen unserer Familie auf der Pilgerreise nach Santiago de Compostela haben wir uns sehr gefreut. Viele Leser des Buches, die wir nicht kannten, haben uns spontan kundgetan, dass sie bei der Lektüre mit uns mitgefühlt haben. Manche empfanden sie als Anregung, sich selbst auf den Weg zum Grab des Apostels Jakobus zu machen. Zu Lesungen brachten Zuhörer die Fotoalben und Notizen ihrer Pilgerreisen mit, um mit uns Erinnerungen auszutauschen. Dadurch erkannten wir, wie stark unsere Familie in die Gemeinschaft der Jakobuspilger eingebunden blieb.

Wir sind dem Peter Lang Verlag und seinen Mitarbeitern, insbesondere Herrn Dr. Hermann Ühlein sehr dankbar, dass sie die Veröffentlichung unserer Pilgererlebnisse ermöglicht und uns dadurch um diese Erfahrungen bereichert haben.

Vorwort zur ersten Auflage

Vor vielen Jahren sahen meine Frau und ich bei Freunden erstmals Fotos von einer Reise auf dem Jakobsweg. Wir waren beeindruckt von den Städten, Dörfern und wechselvollen Landschaften Nordspaniens und betrachteten mit großer Neugier die Bilder von Kathedralen, Kirchen, Palästen und Burgen.

Unter dem Jakobsweg versteht man gemeinhin jene achthundert Kilometer lange Strecke durch den Norden Spaniens, die Pilger seit dem frühen Mittelalter zum Grab des Apostels Jakobus in Santiago de Compostela zurücklegen. Die Wanderwege dorthin ziehen sich durch ganz Europa und sind Tausende von Kilometern lang.

Etliche Zeit danach wurden wir auf das Buch „Iberia" von James A. Michener aufmerksam. Das letzte Kapitel seines Buches hat Michener dem Weg nach Santiago gewidmet. Seine spannenden, zwischen Sieg und Niederlage hin- und hergerissenen Beschreibungen über die Schlachten in Nordspanien, in denen im neunten Jahrhundert die Christen den Mauren die besetzten Gebiete ihres Landes wieder zu entreißen versuchten, locken jeden unwiderstehlich an die historischen Orte des Geschehens.

Den endgültigen Anstoß zur Pilgerreise erhielten wir sehr viel später, als wir auf einer Autoreise durch Nordspanien Pilgern begegneten, die auf dem langen Weg nach Santiago de Compostela waren. Wir – meine Frau Gabriele und ich sowie unsere Söhne Thomas, Stefan, Markus und Michael – beschlossen, ebenfalls bald auf diese Pilgerreise zu gehen. Wir wollten in Herbergen, bestenfalls noch in einfachen Pensionen, keinesfalls jedoch in komfortablen Hotels übernachten und wir wollten uns selbst verpflegen, um die reinen Erfahrungen eines Pilgers zu machen.

Wir vereinbarten, die Pilgerreise in St. Jean Pied de Port in Frankreich unmittelbar am Fuße der Pyrenäen im Frühjahr mit einem ersten Pilgerabschnitt bis Burgos zu beginnen. In den darauf folgenden Sommerferien wollten wir die Strecke von Burgos nach Astorga und im nächsten Frühjahr dann den letzten Abschnitt bis Santiago wandern. So hofften wir, die Strecke von den Pyrenäen bis zum Grab des Apostels Jakobus in drei Mal acht bis zehn Tagen zu meistern und dafür die Pilgerbriefe zu erlangen. Wenn wir um diese offiziellen Zeugnisse der Kirche bemüht waren, muss die religiöse Absicht wohl eine stärkere Triebfeder gewesen sein, als wir es uns zunächst gegenseitig eingestanden.

Während ich die Erlebnisse unserer Pilgerreise über den Jakobsweg zu Papier brachte, erlebte ich manche Strecken und Begegnungen in der Erinnerung viel intensiver, als sie mir auf der Pilgerreise bewusst wurden. Darin liegt vielleicht das Geheimnis, warum ich über alle Pilgertage mit demselben Engagement und derselben Freude geschrieben habe, mir die Lust daran – oder sollte ich nicht besser sagen: der missionarische Eifer dazu – nicht ausgegangen ist. Gabriele hat mich unermüdlich unterstützt, meine Aufzeichnungen in eine lesbare Form zu bringen; dafür bin ich ihr sehr dankbar! So breite ich hier die Erfahrungen und die Erlebnisse aus, die wir beim Pilgern gemacht haben. Gedanken und Gespräche werden manches über Beweggründe und Denkweisen derer offenbaren, die auf dem Jakobsweg sind. Das Buch ist kein weiterer Pilgerführer, ich erzähle einfach nur unsere Erlebnisse vom Jakobsweg.

Inhaltsverzeichnis

Im Regen durch Galicien 157

In der Sonne durch Navarra

Von St. Jean Pied de Port nach Roncesvalles

Es dauert geraume Zeit, bis Madame Debril die Tür öffnet. Die alte Dame ist an Grippe erkrankt. Sie erscheint in einem mit bunten Blumen gemusterten Morgenmantel und mit eilig hinten zusammengesteckten Haaren, als habe sie gerade das Bett verlassen. In ihrem kleinen Büro im Zentrum von St. Jean Pied de Port finden nur drei Personen Platz. Mein Sohn Stefan und ich wollen die ersten Stempel in die sechs Pilgerpässe unserer Familie eindrücken lassen, damit quasi offiziell unsere Pilgerreise beginnen.

Ein liebenswertes Maß an Unordnung herrscht in dem Zimmer. Auf dem großen Schreibtisch liegen Formulare, Schriftstücke und Schreibwerkzeuge übereinander, die Madame Debril erst beiseite schieben muss, um unsere Pässe auf glatter Unterlage abzustempeln – jedoch nicht, ohne sich vorher mit einem Blick aus der Eingangstür auch der Anwesenheit der übrigen Familienmitglieder, meiner Frau Gabriele und der Söhne Thomas, Markus und Michael, zu vergewissern.

In Regalen stehen Kataloge, Prospekte, Bücher und Ansichtskarten vom Jakobsweg. Einige Muscheln, das Symbol des Apostels Jakobus, von vielen als Zeichen ihrer Pilgerwanderung an Kordeln um den Hals getragen, liegen zum Verkauf aus. Allerdings scheint die liebenswürdige Dame, die sich rührend um uns kümmert, nicht von der Vorstellung begeistert zu sein, wir könnten ihren ganzen Bestand an Muscheln aufkaufen. Sie weist uns eilig darauf hin, wir könnten Muscheln noch an vielen Orten des Wegs erwerben. Schließlich mahnt sie leicht warnend, aber durchaus fürsorglich, wir seien für den Weg zum Kloster Roncesvalles über die Route de Napoléon spät dran. Wir würden das Stift nicht vor sieben Uhr erreichen, wenn wir jetzt erst um elf Uhr losgingen. Ihr wird legendäre Weitsicht nachgesagt, was die Bewältigung von Pilgeretappen betrifft.

Wir verlassen das Haus von Madame Debril und stehen auf dem Jakobsweg, jener achthundert Kilometer langen Strecke, die Menschen seit dem frühen Mittelalter von den Pyrenäen durch den Norden Spaniens zum Grab des Apostels Jakobus in Santiago de Compostela zurücklegen. Die Pilgerwege dorthin ziehen sich durch ganz Europa und sind Tausende von Kilometern lang.

Jakobus der Ältere, ein Vetter Jesu, soll nach der Überlieferung von Spanien aus Europa missioniert haben; mit mäßigem Erfolg, wie man sagt. Er kehrte nach Palästina zurück. König Herodes ließ ihn im Jahre 44 nach Christus in Jerusalem enthaupten. Nach der Legende wurde sein Leichnam, der durch ein Wunder unversehrt blieb, von Schülern des Apostels auf einem Schiff nach Galicien gebracht und bestattet. Sein Grab geriet in Vergessenheit, bis ein Eremit es Anfang des neunten Jahrhunderts wieder entdeckte, angeblich, weil ein heller Stern ihm den Weg dorthin wies.

Der Heilige Jakobus, im Spanischen Santiago, wurde der Sage nach zum Anführer des spanischen Heeres in den Schlachten gegen die Mauren und verhalf den Christen zum Sieg. Seitdem wird er als Nationalheiliger verehrt. Vieles von dem, was über ihn erzählt wird, ist unbewiesen. Für den Glauben ist das unerheblich; die katholische Kirche sieht in ihm den Apostel, der Europa bekehrt hat, und fördert die Verehrung. Über seiner letzten Ruhestätte wurde die Kathedrale von

Santiago de Compostela errichtet. Sie ist neben Jerusalem und Rom der dritte wichtige Wallfahrtsort der Christen.

Wie kam unsere Familie dazu, nach Santiago de Compostela zu pilgern? Es war im letzten Sommer, als wir mit dem Auto das Baskenland erkundeten und Puente la Reina besichtigten. Dort vereinen sich die Pilgerwege, die adernförmig aus ganz Europa von Helsingborg, Danzig, Thorn, Breslau, Krakau, Zagreb und Brindisi zusammenkommen, zum so genannten „Camino Francés", dem Franken- oder Franzosenweg. Die Hauptroute durch Nordspanien heißt so, weil viele Siedlungen fränkischen Ursprungs sind und die Franzosen schon immer den größten Teil von Ausländern ausmachten, die den Jakobsweg pilgerten. Wir trafen Leute, die sich mit Rucksack, Wanderstab und Sonnenhut auf dem Weg nach Santiago befanden und in brütender Hitze liefen. Siebenhundert Kilometer hatten sie noch bis zum Ziel zurückzulegen.

Am Ausgang von Puente la Reina verließ ein Pilger gemächlichen Schrittes den Ort in Richtung Santiago. Er wirkte müde und erschöpft. Seine Wandersocken waren bis auf das hochgeschnürte Schuhwerk heruntergerollt, er wischte sich mehrmals mit einem großen Handtuch den Schweiß von der Stirn. Er strahlte, wie er daherging, eine einzigartige Größe aus, die wir sehr bewunderten. Wir schauten einige Zeit hinter ihm her. In uns keimte das intensive Verlangen auf, ebenfalls den Jakobsweg zu gehen.

Wir vereinbarten, unsere Reise in St. Jean Pied de Port am Fuße der Pyrenäen zu beginnen. Die Strecke bis zum Apostelgrab wollen wir in dreißig Tagen schaffen und dafür Pilgerbriefe erlangen, offizielle Zeugnisse der Kirche, dass wir dort waren.

Von der Deutschen St. Jakobus-Gesellschaft in Aachen besorgten wir uns Pilgerpässe, die es ermöglichen, in Herbergen des Jakobswegs einzukehren und – wie sich später herausstellen sollte – unentgeltlich oder gegen die Entrichtung eines geringen Obulus zu übernachten. Im Stift von Roncesvalles, das in den Pyrenäen am Pass Ibañeta liegt, fertigen die Patres vor der ersten Übernachtung an Ort und Stelle ebenfalls Pilgerpässe aus, „Credenciales" genannt. Man muss dazu „auf traditionelle Weise entweder zu Fuß, zu Pferd oder mit dem Rad nach Santiago de Compostela unterwegs sein". Ähnlich verfahren die Verwalter kirchlicher und kommunaler Herbergen in Spanien, wenn jemand den Pilgerpass begehrt. Zur Vorbereitung unserer Reise nutzten wir den „Praktischen Pilgerführer" von Millán Bravo Lozano, wobei sich die genaue Markierung der Wasserquellen als wichtig herausstellen sollte.

Jetzt endlich gehen wir den Jakobsweg! Ein strahlend sonniger Tag erwartet uns, ohne Wolken, fast wie zu Beginn des Hochsommers. Gestern, als wir mit dem Auto in St. Jean Pied de Port ankamen, waren die Terrassen der Straßencafés überfüllt. Es war der erste warme Frühlingstag nach einem langen Winter. Pilger, die vor einem Monat ihre Reise in Vezélay oder Le Puy begonnen hatten, waren manche Strecke durch Südfrankreich in knöchelhohem Schnee gegangen.

Wir verlassen St. Jean Pied de Port auf der Route de Napoléon. Diese Strecke über den Cize-Pass, die dreizehnhundert Meter hinaufführt, existierte schon zur Römerzeit und folgt der Via Traiana nach Burgos und Astorga. Nachdem wir den Fluss Nive überquert haben, steigt der Weg sofort steil an. Anfangs wandern wir schnell, werden bei zunehmender Hitze und wegen des Gepäcks, das auf Schultern und Rücken drückt, aber langsamer.

Zunächst scheint es, dass wir alleine unterwegs sind. Bald treffen wir jedoch auf einen Mann, der am Straßenrand rastet. Er hat sich aus dem Tabakbeutel eine Zigarette gedreht, steckt sie an und bläst den Rauch genüsslich aus. Entspannt im Gras ausgestreckt und auf einen Arm aufgestützt stellt er sich als Piet aus Holland vor. Während er sich mit uns unterhält, bleibt sein Blick auf die prächtige Berglandschaft fixiert, die in grelles Sonnenlicht getaucht ist. Hin und wieder zieht er andächtig an seiner Zigarette. Mit gespielter Lässigkeit verteidigt er sich, nicht die Steigungen des Wegs machten ihm zu schaffen, es sei vielmehr die Hitze. Tatsächlich fordert aber seine Leidenschaft ihren Tribut auf den steilen Kehren und den lang ansteigenden Geraden. Vor den Pyrenäenhöhen bleibt er so weit hinter uns, dass wir ihn ganz aus den Augen verlieren.

Der Aufstieg durch die grünen Almen auf den Cize-Pass ist beschwerlich, für Gabriele wird er zur Qual. Wir sind zu spät in St. Jean Pied de Port losgegangen, die Mittagshitze hat uns viel Kraft abverlangt. Je stärker ich versuche, diesen Gedanken zu verdrängen, desto mehr kommt es mir vor, als ziehe sich der Weg in der einsamen Bergwelt endlos lang hin. Unser Durchhaltevermögen wird hart geprüft. Auf jede Windung folgt wieder ein langes Wegstück, an dessen Ende der weitere Verlauf der Strecke, das ersehnte Ende des Aufstiegs nicht abzusehen sind, da neue Hügel den Blick verstellen. Bei jedem Schritt klingen die Mahnungen von Madame Debril in meinen Ohren.

Durst plagt uns, der schlimmer wird. Vergeblich halten wir Ausschau nach einer Quelle, an der wir uns gerne erfrischen würden. Die Trinkvorräte gingen rasch zur Neige, da wir zu oft und undiszipliniert tranken. Stunden in sengender Sonne werden noch vergehen, bis wir eine Quelle erreichen.

Die Söhne tragen Mutters Rucksack zusätzlich zu ihrem Gepäck. Dennoch fallen Gabriele und ich immer mehr zurück. Ich habe Sorge, sie könne aufgeben, einfach nicht mehr weiter gehen, ja sogar nach St. Jean Pied de Port zurück wollen.

Vielleicht wird sie, wenn sie keine Lust hat, hinter der Familie herzulaufen, sogar ganz auf die Pilgerreise verzichten. Das würde die Freude über die gemeinsame Wanderung zunichte machen, unsere Träume von einem Familienerlebnis über den Haufen werfen. Ich mag nicht weiter denken, es verdunkelt meine Aussichten nur noch mehr.

Endlich verlassen wir die asphaltierte Straße, ein grasbewachsener Weg führt hinauf zur Höhe. Bis zur Grenze zwischen Frankreich und Spanien kann es nicht mehr weit sein. Dort gibt es eine Quelle. Ein Grenzstein macht darauf aufmerksam, dass wir Navarra betreten! Hier, unweit der Höhen, soll einst das Kreuz Karls des Großen gestanden haben. Das Gesicht dem Grabe des Jakobus zugewandt, kniete der Kaiser nach dem beschwerlichen Weg seines Trosses auf die Berghöhen zum Gebet nieder. Glaubt man den Berichten von Aymeric, einem Pilger im Mittelalter, so ist hier im zwölften Jahrhundert die erste Gebetsstätte auf dem Pilgerpfad nach Santiago gewesen. Zur damaligen Zeit standen an dieser Stelle bis zu tausend Kreuze.

Gabriele ist erschöpft, sie nutzt den weichen Boden, um sich zu strecken. Auf Knien und Ellenbogen gestützt versucht sie, ihre bis zum Äußersten angestrengte Rücken- und Beinmuskulatur zu entspannen. Ihre Körperhaltung, mit der sie beinahe die Geste Karls des Großen nachahmt, offenbart die ganze Last, an der ein Pilger trägt. Die Pyrenäen zermürben bei Sonne und hohen Temperaturen!

Hinter der spanischen Grenze spendet ein dichter Buchenwald erstmals Schatten. An den Rändern des Weges liegen noch Schneereste, mit denen ich die Zunge benetze und die Arme abreibe. Die Haut meiner Unterarme ist ganz rot und schmerzt, ich habe mir, ohne daß ich es merkte, einen starken Sonnenbrand zugezogen.

St. Jean Pied de Port

Kloster Roncesvalles

Um halb sechs erreichen wir die Quelle – sechseinhalb Stunden nach dem Aufbruch. Begierig zu trinken formen wir die Hände zu einer Schale und nehmen hastig viele kleine Schlucke von dem kühlen Wasser, das wir hochpumpen müssen und das sich in einem Schwall in unsere Hände ergießt. Der größte Teil läuft über Gesicht und Arme wieder ab.

Als der Wald endet, liegt über grünen Wiesen und jenseits eines Bachlaufs das Kloster von Roncesvalles, ein überwältigender Anblick! Über acht Stunden haben wir bis hierher gebraucht. Wir sind so müde, dass wir glauben, nicht zwanzig Kilometer, sondern mindestens das Doppelte gelaufen zu sein.

Bevor wir Quartier im Refugio des Klosters – wie die einfachen Herbergen auf Spanisch heißen – beziehen können, müssen wir Anmeldescheine ausfüllen. Der Pater, der für den Empfang der Pilger zuständig ist, hilft uns. Die Anmeldescheine erfassen persönliche Daten, fragen auch nach dem Glaubensbekenntnis. Sie ermöglichen es der katholischen Kirche, Statistiken über die Pilger zu erstellen. Ob man die Fragen wahrheitsgemäß beantwortet, wird von den Patres natürlich nicht kontrolliert. Hier herrscht Vertrauen, und die weitherzige Gastfreundschaft der Augustinermönche gilt jedem, der den Jakobsweg geht; sie hängt keinesfalls von den Antworten ab.

War der Gottesmann schon über die Ankunft einer Familie von sechs Personen erstaunt, so nimmt er jetzt verwundert Kenntnis davon, dass Gabriele evangelisch ist, die Männer aber alle katholisch sind. Als Standardantworten zum Motiv der Pilgerreise kommen religiös, kontemplativ, kulturell und sportlich in Betracht. Es bleibt mir unklar, warum, aber nachdem wir die Anmeldescheine ausgefüllt haben, setzen unsere Söhne sie unvermittelt in der Familie in Umlauf. Dabei offenbart sich, dass wir alle religiös und in der Mehrheit auch kulturell und sportlich als Motiv angekreuzt haben.

Die von den Mönchen praktizierte Ökumene, als wir in der Abendmesse der Pilger alle die Kommunion empfangen, verrät mehr über die Liberalität der Kirche in Spanien, als die einsame und abgeschiedene Lage des Stifts hätte erwarten lassen. Auf dem Camino de Santiago, wie man den Jakobsweg in Spanien nennt, ist das ein Zeichen von Offenheit gegenüber allen, die sich „auf dem Weg" befinden. Unauflöslich sind die Pilger in diesem Geist mit den Mönchen verbunden!

Spät am Abend sehen wir Piet wieder. Er ist gerade angekommen und total erschöpft. Vielen Pilgern, die die Pyrenäen überqueren, geht es wohl ähnlich. Einzelne haben wegen schlechter Kondition, hohen Alters oder mangelhafter Gesundheit hier sogar ihr Leben eingebüßt. Davon zeugt das unterhalb des Stifts angelegte „Silo" Karls des Großen. Es wurde nach der Legende von Karl dem Großen als Grab für den Ritter Roland und seine Gefährten erbaut, die in Diensten des Kaisers in der Schlacht von Roncesvalles gegen die Sarazenen gekämpft hatten und gefallen waren – zwanzigtausend an der Zahl. In ihm bestatteten die Mönche früher die im Hospiz verstorbenen Pilger.

In einem großen Schlafsaal übernachten neben Piet mit uns noch Jacques aus Annecy, Reinhold aus Heidelberg, der Lehrer ist, sowie Peter, Sarah und Tanja aus den Vereinigten Staaten und ein junges spanisches Ehepaar aus Mérida in der Estremadura, Manolo und Marisa. Der Schlafsaal ist noch nicht einmal zu einem Drittel belegt. In einem anderen Raum ist eine kleine Gruppe von Spaniern untergebracht, die den Camino mit dem Fahrrad bereist. Decken gibt es keine, und Schlafsäcke haben wir auch nicht dabei. So legen wir uns in der wärmsten Kleidung auf die Matratzen.

Von Roncesvalles nach Larrasoaña

Um vier Uhr werde ich wach. Die Temperatur ist auf nahezu Null Grad gefallen. Ich zittere vor Kälte. Das Frösteln hat meinen Schlaf jäh beendet. Intensiv sinne ich auf einen Ausweg. Flüsternd versuche ich, Kontakt zu Gabriele und Thomas herzustellen, und höre, dass es ihnen genauso ergeht wie mir.

Uns wird bewusst, dass wir für die Reise nicht passend ausgerüstet sind. Wir irrten uns in den örtlichen Unterkunftsmöglichkeiten und ihren Einrichtungen. Pilgerherbergen – und insbesondere Klöster – stellen im Allgemeinen keine Decken für die Nacht bereit. Einem einzelnen Pilger helfen die Patres vielleicht einmal mit einer Decke aus, aber bei sechs Personen wird der individuelle Mangel zum Massendefizit, das die Herbergsverwalter überfordert. Indem wir darüber nachdenken und unsere Lektion lernen, kommt uns die Idee, die Regenponchos aus Plastik aus unseren Rucksäcken herauszufingern und uns darin einzuhüllen. Das hilft, die Körperwärme zu bewahren und weiterzuschlafen.

Bevor ich wieder einschlafe, gehen mir Gedanken zur richtigen Ausrüstung durch den Kopf. Mir kommen Zweifel, wenn ich im Schein des Mondlichts, der durch die Fenster in den dicken Mauern fällt, sehe, was Peter, Sarah und Tanja zusätzlich zu ihrem normalen Gepäck in einer Nische des Schlafsaals deponierten und auf dem Pilgerweg mitschleppen. Da liegen Gasflasche, Campingkocher und mehrere Töpfe wie zu einem Stillleben aufgeschichtet. Sie erwecken in mir das dumpfe Gefühl, wir könnten den Jakobsweg wegen Hungers nicht schaffen. Gott sei Dank schlafe ich über diesen irrwitzigen Gedanken wieder ein.

Um sieben Uhr schellt mein Wecker. Mein Zuruf an die Familienmitglieder aufzustehen ist auch von allen anderen wahrgenommen worden. Sie müssen ihn trotz verschiedener Muttersprachen als gemeinsames Signal erwartet haben. Denn plötzlich geraten die eisernen Etagenbetten quietschend in Bewegung, die Pilgerkameraden schälen sich allmählich aus ihren Schlafsäcken.

Mich verwundert die hektische Geschäftigkeit und zur Schau gestellte Sportlichkeit, die Peter, Sarah und Tanja entfalten, kaum dass sie aufgestanden sind. Peter, etwa Mitte fünfzig, teilt hastig Töpfe, Kocher und Gasflasche auf sein Gepäck und das von Sarah und Tanja auf und mahnt die beiden Damen zur Eile. Sarah, seine Frau, ist vielleicht etwas jünger, durch die Jahre schon leicht rundlich geworden, ohne dick zu sein. Sie findet es ganz in Ordnung, dass Peter organisiert und Anweisungen gibt, die sie meist mit betonter, beinahe schon übertriebener Liebenswürdigkeit an Tanja weiterreicht. Tanja ist allerdings nicht – wie man auf Grund der Vertraulichkeit unter den dreien meinen könnte – ihre Tochter. Sie hält sich vielmehr, wie sie mir beim Packen ihres Rucksacks erzählt, als Sprachstudentin in Spanien auf, lernte Peter und Sarah erst auf der gemeinsamen Anfahrt nach Roncesvalles im Bus kennen und entschloss sich, mit beiden, die sie wie ihre eigene Tochter behandeln, eine Gruppe zu bilden. Tanja ist Anfang zwanzig und viel zu dick. Ihr freundliches und offenes Verhalten verrät Kumpelhaftigkeit und macht sie sympathisch.

Erst als wir zusammen das Kloster verlassen, in der klaren, kühlen Luft auf dem Pass die gelben Pfeile, die Wegmarkierungen des Camino, suchen, legt sich die nervöse Hektik bei den dreien. Für sie ist es der erste Tag auf dem Jakobsweg; sie werden, genau wie wir gestern, schon bald merken, dass der Jakobsweg die Ausdauer der Pilger hart prüft und man sich dabei nicht immer „healthy, tough and busy" geben kann.

Unter blauem Himmel und in strahlender Sonne wandern wir den Pfad von der Passhöhe des Ibañeta hinab. Er schlängelt sich durch lichten Mischwald. Auf dem weichen Boden kann man gut gehen. Die tief stehende Sonne blinzelt durch die Zweige der Blätter- und Nadelbäume. Sie setzt helle Strahlenkränze, durch die wir auf feuchte, grüne Wiesen blicken, die am Waldrand liegen.

Als wir in Viscarret ankommen, haben wir elf Kilometer zurückgelegt, aber noch nicht gefrühstückt. In den beiden vorherigen Orten hielten wir vergeblich Ausschau nach einer Bäckerei oder einem Lebensmittelgeschäft. Sie wirkten ausgestorben, intensives Suchen brachte wenig Erfolg. Überhaupt konnte man Zweifel daran haben, ob es in dieser einsamen Ecke der Welt wirklich einer Landstraße bedurfte, welche die Orte miteinander verbindet.

Viscarret ist ein Straßendorf, das auffällig gut gepflegte Häuser besitzt. Der Ort war im Mittelalter die erste Station des Jakobswegs auf spanischem Boden, als das Hospiz in Roncesvalles noch nicht bestand. Hier finden wir endlich, jedoch mehr zufällig, einen Bäckerladen. Der Bäcker verkauft uns zwei tellergroße Brote, die noch warm sind und köstlich duften. An der Dorfquelle setzen wir uns auf Steinbänke in die Sonne und frühstücken. Drei Stunden, nachdem wir vom Kloster aufbrachen, haben wir großen Hunger.

Gegen Mittag wird es sehr heiß; wir scheinen auf eine Wetterlage gestoßen zu sein, wie sie im Frühjahr nur selten anzutreffen ist und die uns wohl noch einiges zu schaffen machen wird. Gabriele belastet die Hitze sehr. Mit skeptischer Miene deutet sie an, indem sie ihre Schuhe auf den Fußspitzen hin- und herdreht, dass sich die ersten Blasen an den Zehen und unter den Sohlen bilden.

Über Steinplatten wandern wir zum Bergpass des Erro hinauf, den Paso de Roldán, über den schon Roland mit seinen Gefährten im Mittelalter gegangen sein soll, als sie gegen die Mauren in diesen bewaldeten Bergketten kämpften. Dort, wo man den Wald wieder verlässt, setzt sich der Camino an Bergwiesen vorbei auf einem Wirtschaftsweg fort. Nach Osten öffnet sich ein weiter Blick auf die Ausläufer der Pyrenäen und die Navarreser Bergrücken, deren flache Höhen von Schneehauben verziert sind und glänzen.

Hier lernen wir eine neue Markierung des Jakobswegs kennen, die wir so unmittelbar noch nicht zu deuten wissen, aber fortan immer wieder antreffen. Es ist ein aufrecht stehender kleiner Quader aus Beton, in den am oberen Ende eine tiefblaue Kachel eingelassen ist, die bei flüchtigem Blick das rechte Drittel der Sonne mit einem kräftig gelben Stahlenkranz erkennen lässt. Erst die nähere Betrachtung offenbart, dass es sich hierbei um die stilisierte Darstellung einer Muschel handelt. Sie ist seit Alters her das Symbol des Jakobus, weil das Schiff, das seinen Leichnam von Palästina nach Galicien über das Meer brachte, dicht mit Muscheln bewachsen war.

Bald kommen wir an einer Magnesitfabrik vorbei. Durch das Tal ziehende Staubwolken und Arbeitsgeräusche industriellen Großgeräts kündigen sie schon lange vorher an. Ihre Halden und Fahrwege haben die Landschaft so zerwühlt, als ob die Erde von Riesen mit großen Schaufeln auf der Suche nach wertvollen Schätzen umgegraben worden sei. An den Rändern der Halden, auf denen neue Straßen angelegt werden, kommen wir uns wie Ameisen vor, die durch das Gelände krabbeln und über die Unebenheiten nur mühsam vorwärts kommen. Der Weg nimmt kein Ende.

Markierung des Jakobsweges

Stefan, der zäh ist und Ausdauer besitzt, wirft sich, als wir die Herberge von Larrasoaña erreichen, mit Rucksack und in voller Montur auf ein Bett und schläft fest ein. Der gestrige Tag und die dreißig Kilometer heute waren wohl für uns alle sehr anstrengend!

Die Herberge gehört der Gemeinde und wird von einem sehr freundlichen Verwalter ehrenamtlich betreut. Er ist Mitglied der örtlichen Jakobusbruderschaft. Damit wir diese Nacht nicht noch einmal vor Kälte zittern müssen, versorgt er die Familie mit Decken und Gabriele mit einem warmen Schlafsack. Er erkundigt sich, woher wir kommen. Als ich ihm erzähle, dass Köln meine Vaterstadt ist, wird sein Interesse noch lebhafter. Mit heftigen Gesten weist er auf Urkunden an den Wänden der Herberge. Sie besagen, dass ein gewisser Herr Simon von der Jakobsgesellschaft in Köln – ein wohl einzigartiger zeitgenössischer Mäzen des Jakobswegs, wie wir später an zwei weiteren Herbergsorten noch erfahren werden – sich um den Aufbau von Refugios besonders verdient gemacht hat, auch um die Herberge von Larrasoaña. Simon ist also einer jener Mentoren des Pilgerwegs aus vielen europäischen Staaten, die mir und meiner Familie sichere Unterkunft für die Nacht ermöglichen und ohne deren finanzielles Engagement die Reise um vieles komplizierter und teurer würde. Enttäuscht ist unser Herbergsvater allerdings ein wenig, dass ich diesem Herrn Simon noch nicht begegnet bin. Er muss erst verstehen, dass man in einer Millionenstadt wie Köln nicht jeden kennen kann, was in Larrasoaña mit vielleicht fünfhundert Seelen selbstverständlich der Fall ist.

Am Abend essen wir in der Bar neben der Herberge, die eigens zu dem Zweck um achtzehn Uhr öffnet, Pilger mit einem preiswerten Menü zu beköstigen. Der Wirt wartet die Bestellungen erst gar nicht ab; er weiß aus Erfahrung, was Pilger an Kalorien brauchen, damit sie nach dem Weg über die Pyrenäen auch für die nächsten Tage gut gestärkt sind. So speist er jeden von uns mit zwei Spiegeleiern, mehreren Scheiben gebratenem Schinken, einem großen Schnitzel und einer reichlichen Portion Pommes Frites. Dazu trinken wir große Mengen an Wasser und Limonade, um den Flüssigkeitshaushalt wieder ins Gleichgewicht zu bringen. Zusammen mit der Übernachtungsgebühr zahlen wir dafür zu sechs Personen siebzig Euro.

Während des Abendessens sitzen Piet und Reinhold bei uns am Tisch. Mit Piet entwickelt sich ein Gespräch, warum er den Jakobsweg geht. Reinhold beteiligt sich kaum an der Unterhaltung und ist uninteressiert; er hat die Nähe zu Piet nur gesucht, um von seinen Zigaretten zu schnorren.

Piet ist groß und schlank, etwa Anfang fünfzig und hat schwarzgrau melierte Haare. Mit einer Hornbrille aus kleinen runden Gläsern sieht er intellektuell aus. Er ist seit etlichen Jahren geschieden, in seiner Job- und Zeitplanung ungebunden. Die Arbeitsmarktprobleme in Holland ließen ihn einige Male die Stelle wechseln, bevor er vor fünf Jahren in das mittlere Management einer Werbeagentur eintrat. Hier trug er zum Gewinn der Firma bei. In hektischer Kreativität, was allein schon ein Widerspruch in sich ist, bannte er immer wieder neue Illusionen auf Hochglanzpapier, um Konsumenten zum Kauf anzuregen. Aus diesem Spannungsfeld der Konsumgesellschaft, in der Umsatz der einzig beständige Wert zu sein scheint, brach er aus und kündigte. Vor dem Wechsel in eine neue Tätigkeit will er vierzehn Tage auf dem Jakobsweg pilgern, seinen Kopf freiräumen und sich geistig neu orientieren.

Piet fühlt sich als Katharer. Deren Spuren führen in die Pyrenäen, in die sie sich vor der Verfolgung durch die katholische Kirche im Mittelalter aus Frankreich hin flüchteten. Dort bauten sie Wohnanlagen, die sich wie wehrhafte Burgen mit den einsamen Pyrenäenhöhen verbanden; Überreste davon kann man heute noch sehen. So beschreibt Piet seine Motivation zum Pilgern und zu den kontemplativen Zigarettenpausen im Anblick der Pyrenäen durch „back to the roots".

Von Larrasoaña nach Cizur Menor

Der Weg durch das Tal des Arga ist ein besonders reizvoller Abschnitt des Camino. Am frühen Morgen ist es völlig ruhig. Der Uferpfad führt durch Gras und niedriges Gestrüpp. Er dämpft unsere Schritte so sehr, dass wir bequem den Geräuschen des Flusses lauschen können. In geradem und tiefem Bett fließt er ruhig dahin und begleitet uns flüsternd. Über die flachen Steinfelder, die in seine Untiefen eingesät sind, springt er plätschernd hinweg. Sein Rauschen nötigt zu verweilen, wenn er über Kanten herabstürzt, dann aber wieder erschöpft in sein Flüstern verfällt.

Die Pappeln am Ufer tragen noch keine Blätter. Sie sehen wie aufgepflanzte Lanzen aus. In ihren Zweigen zwitschern Hunderte von Vögeln, die sich von uns nicht stören lassen. Angler verständigen sich über größere Entfernungen hinweg in kurzen Wortfetzen, die die Ruhe nur für Augenblicke unterbrechen.

Eineinhalb Stunden später erreichen wir das Kloster Trinidad de Arre, etwa drei Kilometer vor Pamplona. Ordensschwestern führen heute noch die Herbergstradition fort, die bis weit vor das sechzehnte Jahrhundert zurückreicht. Die Dreifaltigkeitskirche liegt malerisch am Ende einer mittelalterlichen Brücke, die den Fluss Ulzama in sechs flachen Bögen überwindet. Ein Wehr läßt das Wasser in Kaskaden herabspringen. Die berühmte Basilika verschmilzt mit der Landschaft zu einer großartigen Komposition.

Manolo wartet auf der Brücke schon auf uns. Als wir näher kommen, springt er sofort auf uns zu und drängt, mit ihm und Marisa zur Basilika zu kommen und beim Kurator einen besonders schönen Stempel für unsere Pilgerpässe zu ergattern. Er weckt in uns schlagartig Jagdfreude und Sammeldrang. Wir nehmen uns nicht einmal mehr Zeit, einen Moment auf der Brücke zu rasten und den prachtvollen Blick auf die Basilika zu genießen.

Es ist das erste Mal auf unserer Pilgerreise, und es wird bald zur beliebten Gewohnheit, unsere Pilgerpässe nicht nur abends in den Herbergen abstempeln zu lassen, sondern uns in jeder Herberge, Kirche, Gaststätte und Gemeindepräfektur einen Stempel in die Credenciales zum Andenken eindrücken zu lassen. Wie beim Sammeln von Briefmarken sind es die in Zeichnung, Schrift und Farbe auffälligsten Stücke, die den Besitzer mit Stolz erfüllen und herumgezeigt werden. Und um ein derart ausgezeichnetes Exemplar handelt es sich bei dem Stempel der Basilika Trinidad de Arre allemal.

Der Stempel zeigt das Heiligtum, ergänzt um fantasievolle Zusätze. Von der Brücke schlängelt sich der Jakobsweg, auf drei schwungvolle Kurven verkürzt, zur Kathedrale von Santiago de Compostela hinauf. Links neben der Basilika ragt das Jakobsschwert überdimensional in den Himmel, Symbol für die Befreiung Spaniens vom Joch der Mauren. Nach der Sage soll nämlich der Apostel Jakobus den entscheidenden Sieg bei Clavijo, südlich von Logroño, im Jahre 834 höchst persönlich mit seinem Schwert herbeigeführt haben. Neben dem Schwert ist die Jakobsmuschel abgebildet. Am Himmel stehen Sterne und deuten darauf hin, dass Compostela aus den spanischen Wörtern Campo de Estrella entstanden sein soll, was so viel wie Sternenfeld heißt. Das nimmt Bezug auf die Legende, nach der ein Eremit das verloren geglaubte Apostelgrab zufällig wieder entdeckte, eben das Grab des „Heiligen

Jakobus vom Sternenfeld". Manche Stempel erzählen ähnlich farbige Geschichten. Manolo freut es sichtlich, uns in diese Welt gestempelter Bilder vom Camino einzuführen.

Von Trinidad de Arre sind es nur noch wenige Minuten, bis wir das Städtchen Villava betreten. Hier finden wir den lange erwarteten Lebensmittelladen. Als wir mit unseren Rucksäcken den engen Raum betreten, nimmt das beinahe das Ausmaß einer Besetzung an. Zwei ältere Damen stehen vor uns mit ihren Einkaufstaschen und schwatzen. Die eine trägt einen schwarzen Wintermantel, an dem unten die zu lange Schürze ein gutes Stück hervorschaut. Die andere hat über ihr Nachtkleid einen gesteppten Morgenmantel übergezogen. Die älteren Damen sprechen uns darauf an, ob wir Pilger sind, und laden uns, als wir dies bejahen, zu einem Kaffee in ihre Wohnungen ein. Wir freuen uns sehr über ihre spontane und herzliche Gastfreundschaft. Sie ist nicht ganz uneigennützig: Wer Pilger einlädt und beköstigt, für den fällt auch etwas von der Gunst des Apostels ab. Wir lehnen dankend ab, weil die Einladung für uns zu überraschend kommt. Ein bisschen Scheu ist gewiss auch dabei. Bedauerlicherweise stimmen hier für den Augenblick dieser Chance zwei europäische Mentalitäten nicht überein, die durch mehr als nur die Pyrenäen voneinander getrennt sind. Wir verpassen leider eine Erfahrung, die sich in dieser Form nicht mehr bieten wird.

Um die Kathedrale von Pamplona zu besichtigen, die als Krönungskirche der Könige Navarras diente, kommen wir zu spät. Sie ist zwischen zwei und sechs Uhr nachmittags geschlossen. Wir sind darüber sehr enttäuscht. Der Herbergsvater in Larrasoaña erzählte uns nämlich gestern, die Kathedrale sähe nach der letzten Renovierung viel glänzender aus als zuvor. Er beschrieb uns das eine oder andere Detail in so farbenprächtiger Ausschmückung, dass wir voller Erwartung von den Stadtmauern zu ihrer Anhöhe aufstiegen.

Wir reden darüber, ob es nicht unsinnig ist, diese vier Stunden zu warten, bis die Kathedrale wieder geöffnet wird. Wir würden nur Wanderzeit vergeuden. So denken wir aber wohl nur, da wir nach zwei Pilgertagen noch nicht den nötigen Abstand von der Hektik unseres normalen Berufsalltags gefunden haben. Wir vergessen die besonderen klimatischen Bedingungen in Spanien, die das Verhalten der Menschen prägen. Denn was im Frühjahr zu einer ungeduldigen Reflexion führt, würde im Sommer lediglich auf lähmende Lethargie treffen und keinen Gedanken mehr bewegen. In der Zeit von vierzehn bis achtzehn Uhr wird es normalerweise so heiß, dass der Spanier alle Aktivitäten ruhen lässt, zum Mittagstisch geht und sich anschließend zu Bett legt. Er nimmt seine nationale Ruhepause, die Siesta, von der behauptet wird, durch sie könne man aus einem ermüdend langen Tag zwei aktive Teilabschnitte machen. In den klimatisierten Räumen einer Cafébar entfliehen wir für eine Stunde der Mittagshitze.

Das private Refugio in Cizur Menor, drei Kilometer westlich von Pamplona, wird von Doña Maribel Roncal vortrefflich verwaltet. Ihr altes Haus diente schon immer als Herberge. Die komfortablen Holzbetten sind mit sauberer rotweiß-karierter Wäsche bezogen und teils durch Vorhänge separiert, was dem Schlafsaal mit wenig Aufwand eine sehr individuelle Note verleiht. Im Garten trocknen auf durchhängenden Leinen Kleidungsstücke, die Gerüche einer durchgeschwitzten Marschkolonne verbreiten. Doña Maribel ist der Mittelpunkt. Sie sitzt an einem Tisch und stempelt Pilgerpässe, wobei sie ihre kurzweiligen Erzählungen vom Jakobsweg zum Besten gibt; sie weiß Rat für jeden.

Auf dem Rasen entwickelt sich ein Gespräch zwischen den Anwesenden wie von selbst. Sie geben manches von ihrer Lebensgeschichte, ihren Beweggründen, den Jakobsweg zu pilgern, und ihren Gedanken und Gefühlen preis. Das Zutrauen wird dadurch gefördert, dass wir alle, die wir in Doña Maribels Garten sitzen, schon drei Tage gemeinsam unterwegs sind und uns bereits kennen.

Jacques aus Annecy ist von allen zweifellos die interessanteste Person. Er ist fünfundsechzig Jahre alt und vor einigen Monaten pensioniert worden; er war Direktor einer großen französischen Käsefabrik in der Nähe von Genf. Als ich ihn frage, ob seine Pilgerreise religiöse Motive habe, verneint er abwehrend, wobei er aus Reserviertheit offensichtlich nicht mit der ganzen Wahrheit herausrückt. Er verdeckt das wortreich hinter dem Bekenntnis, er habe ein schönes und erfolgreiches Leben mit vielen Höhepunkten persönlicher Entwicklung und Verwirklichung gehabt, wofür er danken wolle. Zudem habe er sich immer wieder vorgenommen, in seinem Leben einmal etwas wirklich Großes zu leisten. Vermutlich hat seine Wanderung also doch einen tieferen religiösen Hintergrund. Ernsthaftigkeit und Disziplin, mit denen Jacques den Camino geht, sprechen dafür.

Vor einem Monat begann er in Vezélay seine Pilgerreise über den Limoger Weg, der sich kurz vor den Pyrenäen in Ostabat mit den Wegen aus Paris bzw. Tours und Le Puy verbindet. Anfangs lief er durch Schnee und Regen. Die Hälfte seiner Strecke bis nach Santiago hatte er bereits bewältigt, als wir uns in Roncesvalles begegneten. Für die andere Hälfte plant er noch einmal einen Monat. Rund sechzehnhundert Kilometer wird er dann bis zum Apostelgrab in zwei Monaten gepilgert sein.

Jacques ist klein und sehr schlank. Er macht keineswegs den Eindruck, als hätten die Mühen der zurückgelegten Strecke ihn körperlich oder willensmäßig ermüden können. Wie es aussieht, scheint seine Rechnung aufzugehen. Er pilgert täglich möglichst nicht mehr als dreißig Kilometer, um sich nicht zu überanstrengen. Er ist mit auffällig leichtem Gepäck unterwegs und hat bewusst auf Schlafsack, Iso-Matte und warme Kleidung verzichtet. Darin liegt ein spekulatives Element seiner Kalkulation. Denn er nahm in Kauf, in Südfrankreich zu frieren, was ihm in den Pyrenäen leicht hätte zum Verhängnis werden können. Er ging davon aus, es werde ihm schon gelingen, sich abends für die Übernachtung stets warme Decken zu beschaffen. Mit seiner Entscheidung hat er diesseits der Pyrenäen bei der momentan schönen Wetterlage anscheinend Glück. Als einzelner Pilger kam er mit Geschick wohl auch jeweils an Decken, wie wir in Roncesvalles ohne Neid, vielmehr mit heimlichem Respekt beobachten konnten. Auf der Reise lässt er sich von seiner Frau betreuen. Jeden zweiten Tag ruft sie an, und alle vierzehn Tage reist sie zu dem Ort, den er gerade erreicht hat, und sie verbringen ein oder zwei Ruhetage miteinander, in denen sie besichtigen. Dass dies auch die „Logistik" erleichtert, versteht sich am Rande.

Manolo und Marisa sind Ende zwanzig. Mit ihren kräftigen Körpern, schwarzen Haaren und dunklen Augen sehen sie aus, wie man sich Spanier vorstellt. Sie wohnen in Mérida, in der Provinz Badajoz, nahe der portugiesischen Grenze. Manolo ist Lokomotivführer bei der staatlichen Eisenbahn und schon viel in Spanien herumgekommen. Marisa ist Maskenbildnerin am Theater von Mérida. Er geht den Jakobsweg nun zum dritten Mal, sie ist das erste Mal auf dem Camino unterwegs. Sie wollen nur zehn Tage pilgern, von Roncesvalles bis Burgos, da zu Hause eine Tochter und ein kleiner Sohn auf sie warten, die zurzeit von der Großmutter behütet werden. Für sie ist die Wanderung auf dem Jakobsweg religiös motiviert. Selbstverständlich sind sie auch auf ihr nationales Kulturerbe stolz und wandern gerne durch diese schönen Landstriche ihrer Heimat. Mit Manolo und Marisa werden wir im weiteren Verlauf unserer Reise längere Strecken zusammengehen und uns dabei mit ihnen anfreunden.

Der Gedankenaustausch mit Peter, Sarah und Tanja bleibt oberflächlich. Mit Peter erinnere ich mich kurz an Orte, durch die wir gemeinsam gezogen sind. Sarah und Tanja begleiten das Gespräch so unbeteiligt wie Reisende im Zug, die bloß deshalb aus dem Fenster schauen, damit sie nicht zur Unterhaltung im Abteil beitragen müssen. Allen dreien machte, wie Peter erzählt, der wechselnde Bodenbelag des Pilgerwegs zu schaffen. So bequem ihre Turnschuhe auf Waldboden und Asphalt zunächst auch waren, auf die Dauer ließen sie die Füße ermüden. Auf Schotter entwickelten sich ihre Schritte zum Tanz im Stakkato, weil ihr Tritt nicht mehr sicher war und der Versuch immer wieder mal misslang, größere Steine zu umgehen. So hat sich ihr sportlich, zügiges Marschieren allmählich in gelasseneres Wandern gewandelt.

Aufmerksam sind alle drei wieder bei der Sache, als das Gespräch darauf kommt, ob Tanja ihre Pilgerreise in Cizur Menor unterbrechen oder sogar aufgeben muss. Die Blasen an ihren Füßen sind immer mehr angeschwollen und haben sich zu derart großflächigen, teils mit Blut unterlaufenen „Wasserlandschaften" verbunden, dass nicht mehr von Blasen an den Füßen die Rede sein kann, sondern vielmehr die Füße in Blasen stecken und die Gestalt von Ballons annehmen. Sarah zupfte Schafwolle von den Stacheldrahtspitzen der Zäune und stopfte sie Tanja in die Schuhe, um die Füße zu polstern. Es half nicht. Tanja muss morgen in der Klinik von Pamplona ihre Füße behandeln lassen. Sie leidet sichtlich unter den Schmerzen. Bei solch vordergründigen Sorgen dringen wir nicht so weit vor, uns über Motive unserer Pilgerreisen zu unterhalten.

Reinhold, Mitte dreißig und sportlich, hörte erst kürzlich von der touristischen und landschaftlichen Attraktivität des Jakobswegs, was für ihn als Lehrer im Fach Erdkunde von gewissem Reiz war. So begab er sich ohne nennenswerte Vorbereitungen kurzfristig zu Beginn der Osterferien mit seinem Wandergepäck im Zug nach St. Jean Pied de Port, dem Ausgangspunkt seiner Fußreise und sitzt nun in Cizur Menor mit uns auf diesem Rasenviereck des „Refuhdschijos", wie er das spanische Wort für Pilgerherberge liebenswert amüsant ausspricht.

Alle Mitpilger lässt er seit Roncesvalles immer wieder unüberhörbar wissen, dass er zeitlich falsch geplant habe und daher wohl mit seinem Geld nicht auskomme. Bei Jacques fanden seine pekuniären Wehklagen Gehör, ähnlich wie er selbst gedrehte Zigaretten von Piet schnorrte. Auf dem Weg durch Pamplona lud Jacques ihn zum Mittagessen ein. Seine Streckenplanung will Reinhold notfalls so korrigieren, dass er Stücke mit der Bahn oder dem Bus zurücklegt, um in den zwei Wochen Ferien bis Santiago zu kommen. Bei ihm steht allein das Reiseerlebnis im Vordergrund. Piet ist im Refugio von Trinidad de Arre geblieben.

Gemeinsam gehen wir in ein Restaurant zum Abendessen. Da der Speiseraum erst später geöffnet wird, lade ich die Mitpilger an der Bar zu einem Tio Pepe ein, einem trockenen Sherry aus Jerez de la Frontera im Süden Spaniens, der, kalt serviert, wie eine einzigartige Mischung aus Sonne und Erde Andalusiens schmeckt. Dieser Genuss ist für Reinhold neu und verführt ihn zu der vieldeutigen Bemerkung, das Getränk schmecke nach mehr! Sein Wunsch bleibt jedoch ungehört.

Manolo und Marisa legen uns voller Stolz auf ihre nationalen Köstlichkeiten ans Herz, beim Menü unbedingt Pimientos del Piquillo zu probieren. Diese roten Paprikaschoten werden der Länge nach aufgeschnitten und dann in eine Flüssigkeit aus Essig und Öl sowie weiterer Gewürze eingelegt. Zum Essen wärmt man sie kurz auf und serviert sie mit Baguette; ein trockener Weißwein aus Navarra krönt den Gaumenkitzel.

Von Cizur Menor nach Lorca

Morgens um sieben kann die Welt schon ganz schön in Unordnung sein! Tanjas Blasen haben uns alarmiert. Wir „inspizieren" unsere Füße und suchen Fersen, Sohlen, Ballen und Zehen sorgfältig nach Druckstellen und Blasen ab. Würde uns jemand beobachten, ihn müßte unsere übertriebene Akribie amüsieren. Was wir finden, ist zum Glück nur unbedeutend. Gehpflaster mit Gazepolster genügen, die Füße zu versorgen.

Die Morgenluft ist kühl, der Himmel zum ersten Mal bewölkt. Das Wetter scheint umzuschlagen, schwarze Wolken drohen. Der Wind jagt in Böen übers Land. Es ist absurd, aber wir freuen uns darüber. Wir sind erleichtert, dass nicht wieder ein wolkenloser Himmel Hitze ankündigt.

Jacques Oberkörper ist ganz nach vorne gebeugt. Die Hose flattert ihm um die Beine, in seinem Anorak verfängt sich der Wind und wirft Beulen. Aus seinem Rucksack ragt der Schirm. Er erwartet offenbar Regen.

Zur Sierra del Perdón hinauf gehen wir durch Orte, die bedrücken, eine völlig andere Welt: Straßen der Vergangenheit. Die Orte sind wie ausgestorben. Viele Häuser sind verfallen. Die Dachstühle liegen darnieder, Mauerkronen sind eingestürzt. Eingangstüren aus Holzlatten verwehren den Zutritt. Einen ebenso ruinösen Eindruck machen die Kirchen, die wie aus Opposition noch nicht einmal dem Heiligen Jakobus geweiht sind. Hier und da entdecken wir noch erhaltene Häuser, oder sogar solche, die erst kürzlich renoviert wurden. Manche weisen Reste eines Königswappens, eines Ornamentschmucks oder einer Heiligenfigur auf. Ihre Eingänge sind durch Eisentüren und Scherengitter gesichert. Hier mag man nicht glauben, die neuzeitliche Wiederbelebung von Pilgerreisen könne zu einem lukrativen Wirtschaftsfaktor im Dienstleistungsgewerbe von Gastwirten und Hoteliers werden, wie es während der Hochblüte der Pilgerreisen im Mittelalter der Fall war. Selbst der Hinweis auf eine Gaststätte hält nicht das, was er verspricht. Solche „Bars", wie sie hier in Spanisch genannt werden, öffnen meist erst abends.

Der starke Wind hat die Wolkendecke aufgerissen und den Himmel blank gefegt; die Sonne wärmt angenehm.

Vom Gipfel der Sierra blicken wir auf eine andere Vegetation. Wir entdecken Steineichen, Büsche, kleine Getreideäcker und schon einzelne Weinfelder. Es erleichtert uns, die freundlichere Gegend anzuschauen. Viele Pilger vor uns müssen hier schon so gefühlt haben, denn der Bergrücken heißt „Gebirge der Vergebung"!

Solche Wortschöpfungen aus Geografie und göttlichem Wohlwollen, wie sie auf dem Jakobsweg als „Anhöhe der Vergebung", „Brücke der Vergebung" oder „Tal der Vergebung" immer wieder anzutreffen sind, zeugen davon, wie nachsichtig die Kirche im Mittelalter mit reuigen Sündern umging, die ihre Schuld auf dem Camino abtrugen, doch wegen Krankheit und Erschöpfung vorzeitig starben und daher ihr Ziel, das Apostelgrab, nicht mehr erreichten. Immerhin ging es bei solcher Schuld, wenn man den Berichten aus dieser Zeit Vertrauen schenken darf, nicht um lässliche Sünden. Die wurde man ehedem wie heute durch die Beichte wieder los. Es musste schon Mord oder Totschlag sein – in der oberen Gesellschaftsschicht versteht sich, die Kleinen hängte man schon immer sofort auf –, die eine Pilgerreise unumgänglich machten, wenn man der Todesstrafe entgehen wollte. Durch vorzeitigen Tod sollte die Buße nicht vergeblich sein. So hart wollte die Kirche selbst mit den bösesten Übeltätern nicht umgehen. Für die Büßer, die auf der Pilgerreise blieben, gab es an den vielen Stationen Trost, so dass der Weg für das Ziel galt.

Gabrieles Füße schmerzen, ihre Pein weitet sich aus. Ihre Füße sind so sehr angeschwollen, dass die Trekkingschuhe zu eng werden. Die Versuche, in den nun kürzer hintereinander eingelegten Pausen die Senkel mal zu lockern und dann die Schuhe wieder fester zu schnüren, bringen keine Linderung. Die weicheren Turnschuhe anzuziehen, schlägt ebenfalls fehl. So quält sich Gabriele in ihren Trekkingschuhen weiter. Jeder Schritt lässt erkennen, wie ihre Schmerzen über die angespannte Beinmuskulatur und das verhaltene Schaukeln der Hüften bis hin zum Rücken ausstrahlen, der völlig verkrampft ist. Ich habe Mitleid und Sorge und denke intensiv darüber nach, wie ich helfen kann, Gabrieles Lage zu verbessern. Markus redet mit Erfolg auf seine Mutter ein, seine größeren Turnschuhe anzuziehen. Zumindest scheinen damit bis zum Etappenziel Lorca die Fußprobleme von Gabriele vorerst verdrängt.

Puente la Reina ist von je her eine besondere Station für Jakobspilger. Hier mündet der vierte Zubringerweg aus Frankreich in den „Camino Francés". Er beginnt in Arles, führt über Toulouse und den östlicher gelegenen Pyrenäenpass Somport und wird ab dort als Aragoneser Weg bezeichnet. Von dort kamen die Pilger aus Italien, Österreich, Slowenien und Kroatien, ja sogar die aus Griechenland, die sich in Patras auf der Pelepones nach Brindisi, Bari oder Venedig einschifften. Eine moderne Eisenstatue, die einen Pilger mit seinen Habseligkeiten darstellt, markiert heute den Knotenpunkt aller Hauptwege, die sich an dieser Stelle miteinander verbinden.

Es ist zwei Uhr. Neunzehn Kilometer haben wir seit Cizur Menor hinter uns, dreizehn Kilometer müssen wir noch bis Lorca gehen. Jacques, Peter und Sarah werden hier Quartier nehmen und auf Reinhold warten, der von seinem Abstecher zur Kirche Santa María de Eunate noch nicht eingetroffen ist.

Dieses Kleinod romanischer Kirchenbaukunst, das zu den bekanntesten und wertvollsten Baudenkmälern des Caminos zählt, liegt inmitten von Getreidefeldern, die es im Frühjahr in kräfiges Grün tauchen, es im Sommer aber auf einem goldenen Tablett aus Stroh präsentieren. Der besondere Grundriss gab zu Spekulationen Anlass, die Kirche könne von den Rittern des Templerordens erbaut worden sein, die sie der Grabeskirche in Jerusalem nachbildeten, für deren Verteidigung sie lange zuständig waren.

Am Ausgang von Puente la Reina liegt die berühmte Pilgerbrücke, die sich in fünf Bögen über den Fluss Arga spannt. Sie wurde im zwölften Jahrhundert von einer Königin erbaut, was zunächst der Brücke und dann dem Ort den Namen gab. Die Bögen der Brücke spiegeln sich im klaren Wasser. Es braucht nicht viel Fantasie, in ihnen die strahlenden Augen der Erbauerin zu erblicken. Manchem Pilger wird das Verständnis für so viel Schwärmerei abgehen, wenn er vom Wetter gebeutelt und matt vom Wandern über die Brücke geht und nach dem weiteren Verlauf des Weges Ausschau hält. Hier sahen wir vor einem halben Jahr hinter einem Pilger her, der uns motivierte, es ihm gleichzutun. Nun können wir seine Gefühle und Gedanken nachempfinden und fragen uns manchmal, wie viele Leute uns nachgeschaut haben mögen, ohne dass wir es bemerkten. Noch gestern, als wir durch den Park der Zitadelle in Pamplona gingen, sprach eine alte Spanierin Gabriele vorsichtig an und fragte, ob sie auf dem Weg nach Santiago sei.

Über ein Stück der alten Römerstraße, die von Bordeaux über Burgos nach Astorga führte und der der Jakobsweg in weiten Strecken folgt, verlässt man talwärts den Ort Cirauqui. Der glatte Übergang der Römerstraße auf eine Brücke legt die Vermutung nahe, dass diese Brücke ebenfalls aus der Römerzeit stammt: Sie ist so breit, dass drei Legionäre in voller Ausrüstung nebeneinander darüber gehen konnten. Alle antiken Wegführungen, die nicht mindestens dieses Maß aufweisen, reklamieren zu Unrecht, aus der Zeit des Imperium Romanum zu sein. Hundertschaften von Legionären müssen rasselnd über die Brücke marschiert sein, um Militärpräsenz zu demonstrieren und Ordnung und Sicherheit im Römischen Reich aufrechtzuerhalten.

Über Lorca weiß der "Praktische Pilgerführer" von Bravo Lozano nicht viel zu berichten. Vielmehr geht der Hinweis auf eine Unterkunft auf die Jahrhunderte alte Beziehung zwischen dem Stift Roncesvalles und dem achtzig Kilometer entfernten Lorca zurück, in dem das Kloster ehemals ein Hospiz betrieb. So konnten wir der Aufstellung von Herbergen, die uns der Prior von Roncesvalles in die Hände gedrückt hatte, entnehmen, dass es in Lorca eine kleine Privatpension für Pilger gibt. Sie wird von der Wirtin Carmen Urra betrieben. Zusammen mit Manolo und Marisa streben wir dem Dorfplatz zu, an dem die Pension liegt.

Wir sind sehr müde. So enttäuscht es uns sehr, von einem italienischen Pilger namens Luigi, der neben seinem Wandergepäck an der Hauswand hockt, zu hören, die Pension sei geschlossen. Während wir mit Manolo und Marisa beratschlagen, was wir tun sollen, wundern wir uns darüber, warum Luigi neben der Eingangstür sitzt, wenn die Pension doch nicht öffnet. Wir binden ihn in unsere Überlegungen ein, eine Unterkunft für die Nacht zu finden. Diese Unterhaltung sollte Überraschungen und Sonderbares zu Tage fördern.

Luigi, etwa Mitte fünfzig, sprudelt temperamentvoll mit Worten heraus, bei denen sich Italienisch, Spanisch, Französisch und Englisch mischen: Wir sollten doch nach einer anderen Unterkunft Ausschau halten. Er sei schon viele Jahre auf dem Camino unterwegs und kenne alle Unterkünfte ganz genau. Er habe viele Beziehungen, der Pfarrer des Ortes sei ihm gut bekannt, ja beinahe sein Freund. Er könne arrangieren, dass dieser uns zu einer Tasse Kaffee einladen würde, und vielleicht hätte der auch eine Schlafgelegenheit für uns. Nein, hier kämen jetzt im Frühjahr nicht viele Pilger vorbei, und deshalb sei die Pension auch geschlossen. Die Wirtin sei nicht da. Wir könnten doch versuchen, im acht Kilometer entfernten Estella zu übernachten, die Herberge sei schön, er würde uns ein Taxi besorgen! All diese Bemerkungen wiederholt er immer wieder, wie sich ein Strudel gurgelnd aufs Neue erzeugt. Seine Worte werden von beeindruckenden Gesten mediterraner Theatralik begleitet. Allmählich beginnen wir, ihm zu misstrauen, denn bei all seinem Gerede, mit dem er uns irgendwie einzuwickeln versucht, bleibt er seelenruhig neben der Pensionstür sitzen, so als warte er auf jemanden.

Ich schelle mehrmals an der Tür, aber es regt sich niemand. Während ich noch auf Antwort warte und Luigi seinen Sermon das x-te Mal wiederholt, schaue ich mir ihn und sein Gepäck etwas genauer an. Er ist in elegante blaue Wandersachen gekleidet. Hose, Pullover, Windjacke und Hut tragen alle aus Sport und Katalogen hochpreisiger Bekleidungsware bekannte Markennamen. Ich würde es mir kaum leisten können, in solch qualitativ hochwertigen Kleidungsstücken zu pilgern, schießt es mir durch den Kopf. Sein Gepäck ist verblüffend kompakt zusammengestellt und lässt viel organisatorisches Talent erkennen. Auf einem fahrbaren Koffer aus strapazierfähigem Segeltuch ist eine kleinere Tasche befestigt. Beide Gepäckstücke sind prall gefüllt. Auf das obere ist eine kleine italienische Flagge genäht, und daneben prangt, mit ihrer Kordel sorgfältig um das Seitengestänge des Koffers geschnürt, eine Jakobsmuschel.

Der Gepäckwagen ist eigentlich nur auf glattem Straßenbelag brauchbar. Luigi scheint den Jakobsweg immer nur auf asphaltierten Strecken zu gehen. Oder er ist mit Nahverkehrsmitteln oder per Anhalter unterwegs. Dafür spricht, dass er nicht verschwitzt und schon gar nicht erschöpft aussieht. Allmählich verliere ich die Achtung vor seinen wortgewaltigen Berichten über den Camino, die angeblich auf viel Detailkenntnis beruhen.

Luigi ist, wie sich bald herausstellt, der ungeliebte Spross einer reichen italienischen Familie mit beachtlicher Tradition. Sie versorgt ihren Verwandten auskömmlich mit Geld und Sachen, um ihm Pilgern auf dem Jakobsweg als Dauerbeschäftigung zu finanzieren und ihn damit für möglichst lange Zeit von Zuhause fern zu halten. Ich habe dafür viel Verständnis. Sein fortlaufendes Gequatsche, das uns allen auf die Nerven geht, hat mein Mitgefühl für ihn merklich abkühlen lassen, es ist sogar in eine gewisse Abneigung umgeschlagen.

Wir sind nicht die einzigen, auf die Luigis Verhalten so wirkt. Ungeduldig schelle ich ein zweites Mal an der Tür, weil ich nicht glauben kann, dass die Pension tatsächlich geschlossen ist und dies den Patres in Roncesvalles, die ihre Informationen für die Pilger sorgfältig pflegen und aktuell halten, entgangen sein sollte, zumal sie historisch eine besondere Patronage über diesen Ort hatten. Überraschend stößt eine junge Frau ein kleines Fenster in der oberen Etage der Pension auf, beugt den Oberkörper etwas vor und teilt uns knapp mit, sie sei zurzeit mit ihrem Vater im Hause allein, ihre Mutter, die Wirtin, besuche eine Schwester in Logroño, komme erst später wieder und so bliebe die Pension geschlossen.

Als die Wirtin dann doch drei Minuten später freundlich die Pensionstür öffnet, aufrichtig beteuernd, sie sei eben erst vom Besuch ihrer Schwester heimgekehrt, und uns die Pensionszimmer zuteilt, beschleicht mich das Gefühl, dass wir alle zuvor am selben Spiel beteiligt waren, das wir – auch Manolo und Marisa – zunächst nicht durchschauten.

Die Gastwirte kannten den etwas „verrückten" Italiener offensichtlich aus vorherigen Übernachtungen, hatten mit ihm schon schlechte Erfahrungen gemacht und gehofft, er werde fortgehen und eine Schlafstatt beim örtlichen Pfarrer suchen, wenn sie ihm nur kundtaten, die Wirtin sei nicht da und die Pension geschlossen. Wären wir nicht eingetroffen, hätte sich ihre Strategie, wenn auch mit einigen Gewissensbissen, erfolgreich durchhalten lassen. Nun wurde es unumgänglich, die Strategie zu ändern, wenn die Wirtin nicht einfach acht Pilger unversorgt vor verschlossener Tür stehen lassen wollte, nur um den lästigen neunten nicht hereinzulassen.

Luigi wird auf seine Erfahrung aus der Vergangenheit gesetzt haben, dass die Familienpension eigentlich immer geöffnet ist und die Gastleute ihm schon irgendwann, wenn sie schließlich doch das Mitleid mit ihm überkommt, Unterkunft gewähren. Das ließ ihn geduldig warten. Seine Kalkulation drohte plötzlich in Gefahr zu geraten, als wir eintrafen. Wir waren zusammen acht Personen und würden vier Doppelzimmer belegen, was die Kapazität der kleinen Pension leicht überfordern könnte; und ihm würde dann schließlich mit dem Hinweis auf die Überbelegung von den Gastleuten die Übernachtung im Pfarrhaus empfohlen. Diese Sorge hatte ihn so überaus wortreich sprudeln lassen, als wir ankamen, und ihn nicht müde werden lassen, uns immer wieder die Übernachtung beim Pfarrer schmackhaft zu machen. Übrigens fanden wir nie einen Anhaltspunkt dafür, dass Pilger auch beim Pfarrer von Lorca um eine Unterkunft nachsuchen können.

Wir hatten als dritte Partei im Spiel offenkundig, aber unbewusst, die für uns einzig richtige Strategie gewählt, nämlich auf unsere Ankunft aufmerksam zu machen und beim Warten durchzuhalten, bis die Pension geöffnet würde. Genau besehen hatten wir ja auch keine Alternative.

Beim Abendessen sitzen wir mit den Gastleuten zusammen und erzählen. Luigi nimmt nicht am Abendessen teil, er läuft stattdessen ruhelos, vor sich her redend und gestikulierend über die Gänge und Treppenflure der Pension. Mit einer eindeutigen Geste, bei der sie den Zeigefinger der rechten Hand an die Stirn führt, bedeutet uns Carmen, dass er Luigi el Loco sei, was soviel wie Luigi der Wahnsinnige heißt. Eine solche Bezeichnung ist in Spanien nicht böse gemeint, sondern hat seit beinahe fünfhundert Jahren einen liebevollen, ja sogar respektierlichen Beiklang, seit die Mutter Karls I. von Spanien, der als Kaiser Karl V. über ein Reich herrschte, „in dem die Sonne nicht unterging", Johanna die Wahnsinnige genannt wurde, welche die Spanier in höchsten Ehren halten.

Von Lorca nach Los Arcos

Wenn man von den Spargelfeldern, Weinäckern und Gemüsegärten zur Flussschleife des Ega hinabsteigt, entwickelt sich ein herrlicher Blick auf Estella, die alte Königsstadt Navarras. Im blauen Wasser spiegeln sich die Apsiden, Fassaden und Quermauerwerke der Kirche vom Heiligen Grab und des Konvents des Heiligen Dominikus. Von der gotischen Fassade der Kirche vom Heiligen Grab grüßt der Apostel Jakobus, selbst als Pilger gekleidet, die Vorbeiziehenden gütig und ermuntert sie, die Reise fortzuführen.

An der Plaza de San Martín liegt der kleine Palast der Könige von Navarra aus dem zwölften Jahrhundert, der durch klaren Aufbau und Gliederung der Fassade in romanischer Architektur besticht. Ihm gegenüber recken sich auf einer Anhöhe die beiden Türme der Kirche San Pedro de la Rúa hoch. In der Touristeninformation neben dem Königspalast bitten wir eine junge Mitarbeiterin, uns durch die Kirche zu führen, die normalerweise nicht für den Besuch offen steht.

Das Kirchenportal ist eine architektonische Kuriosität. Die Säulenbögen des Portals sind seltsam asymmetrisch angelegt. Wären sie symmetrisch in die seitliche Kirchenfassade eingepasst worden, hätte man den Eingang zwar oben in gewohnter Perspektive anschauen können. Von unten aber hätte der Besucher die Säulenbögen wegen des schräg zum Eingang verlaufenden Treppenaufstiegs perspektivisch verzerrt gesehen. Diese optische Täuschung hätte von der Straße als Fehlkonstruktion missinterpretiert werden können und musste so unbedingt durch einen baulichen Trick korrigiert werden. Der bestand nun darin, die Säulenbögen von der Mitte her nach rechts asymmetrisch so zu öffnen, dass der Besucher vom Fuß der Treppe auf ein gerades Portal zu schauen glaubt, das aber in Wirklichkeit schräg zu seiner Blickrichtung steht. Es lohnt sich, die Treppe mehrmals langsam hinauf- und herabzusteigen, um die Auflösung dieser geschickten optischen Täuschung nachzuvollziehen und zu verstehen, wie sich bauliche Schieflage und absichtliche architektonische Regelabweichung wieder zu einem harmonischen Gesamtbild formen.

Die Kirche ist nicht sehr geräumig und ziemlich dunkel. Das hat seinen besonderen Grund. Die kleine Kirche würde sich bei lichtem Fensterwerk im Sommer unerträglich aufwärmen, jedem Besucher fiele es schwer, hier länger zu beten. Deshalb wurde bei der Anordnung der Fenster sorgfältig darauf geachtet, dass durch kleine Öffnungen nicht zu viel Licht eintritt und es dort, wo sich das nicht vermeiden lässt, durch dickes, farbiges Bleiglas gedämpft wird. So bleibt es im Inneren angenehm kühl.

Eine Grabplatte im Kreuzgang erzählt die Geschichte eines Pilgers aus dem Mittelalter, eines bedeutenden kirchlichen Würdenträgers, dessen Schicksal uns erschauern lässt.

Ein Bischof aus Rom war einst als Pilger zu Pferd unterwegs auf dem Jakobsweg und führte ein Stück vom Kreuz

Estella

Christi als kostbare Reliquie mit sich, die als besonderes Geschenk des Papstes für die Aufbewahrung in der Grabeskirche des Apostels Jakobus in Santiago de Compostela bestimmt war. Es versteht sich, dass der Bischof in solch herausragender Mission nicht einfach in schlichten Herbergen mit gewöhnlichen Pilgern zusammen übernachten konnte, ihm vielmehr allabendlich ein Nachtlager in Klöstern oder in den Pfarrhäusern entlang des Jakobswegs bereitet werden musste. Außerdem brauchte das Pferd Futter und Pflege. So viel Aufhebens galt nicht allein dem außergewöhnlichen Pilger, sondern in erster Linie waren alle bestrebt zu helfen, das wertvolle Gepäckstück erfolgreich an seinen Bestimmungsort zu bringen. Dabei mag wohl nicht genügend auf die Gesundheit des Bischofs geachtet worden sein. Jedenfalls befiel ihn, nachdem er die Pyrenäen überquert hatte, eine schwere Krankheit, der er in Estella erlag. Der Bischof wurde hier begraben, und die Reliquie verblieb in der Kirche San Pedro de la Rúa. Die um geheimnisvolle Deutungen nicht verlegene Kirchenführung in Rom ließ es zu, dass nach dem Tod des Bischofs auch der Bestimmungsort für die Reliquie abgeändert wurde.

Das tragische Schicksal des Bischofs erinnert uns wieder an ein Gespräch, das wir vor drei Tagen abends in der Herberge von Larrasoaña mit fünf jungen Deutschen hatten, die zu Pferde pilgerten. Eigentlich, so dachten wir, müsste diese Art zu pilgern viel bequemer sein, gerade so, als wenn man den Jakobsweg statt zu Fuß mit dem Auto bereiste. Eine Skizze des Frankenwegs, die auf der Rückseite unserer Pilgerpässe abgebildet und dem Codex Calixtinus entnommen ist, nährte unsere Vermutung. Diese mittelalterliche Werbeschrift des Papstes Calixtus II. für den Jakobsweg, die der französische Geistliche Aymeric Picaud um 1130 auf seinen Geheiß verfasste, teilte den Weg von den Pyrenäen bis nach Santiago in dreizehn Etappen ein, die bis zu 97 km, meist aber etwa um

60 km lang sind. Solche Tagesstrecken konnten natürlich nur zu Pferde bewältigt werden. Zu unserer Überraschung ist die Pilgerreise zu Pferd aber nicht bequemer und Zeit sparender, wie uns die jungen Leute erzählten.

Sie kamen aus Süddeutschland und waren mit ihren Pferden im Zug nach St. Jean Pied de Port angereist. Alleine das bedurfte schon besonderer organisatorischer Vorbereitung. Die deutschen und französischen Eisenbahngesellschaften machten es möglich. Die jungen Reiter reisten nicht mit dem Zug zu den Pyrenäen an, um Zeit zu sparen, sondern sie wollten ihre Pferde für die rund achthundert Kilometer lange Strecke in Spanien schonen, die für die Tiere anstrengend sei. Auf den gebirgigen Abschnitten des Pilgerwegs in den Pyrenäen mit zum Teil steilen, schmalen und steinigen Passagen könne man mit dem Pferd kaum längere Pilgeretappen zurücklegen als zu Fuß. Die Bedingungen würden sich später im flacheren Rioja-Gebiet und über die Weiten der Meseta zwar durchaus verbessern, und man komme dann auch viel schneller voran. In Galicien müsse man aber wieder mit ähnlichen Schwierigkeiten wie in den Pyrenäen rechnen. Zudem müssten die Pferde regelmäßig getränkt und gefüttert werden.

Auf der Route nach Los Arcos kommen wir schon bald an den Weinkellereien von Irache vorbei. Hier entdecken wir in einer Mauernische der Bodegas die „Weinquelle" von Irache, die erst vor wenigen Jahren von den Winzern für die Pilger angelegt wurde. Auf einer profilierten und blank polierten Platte aus Edelstahl, die die Form eines größeren Wappenschildes hat, sind auf Jakobsmuscheln zwei Zapfhähne montiert, aus denen Wasser und Wein fließt. Der Wasserhahn funktioniert, als Gabriele ihn betätigt, durchaus so, wie man es gewohnt ist: Je mehr man ihn aufdreht, umso mehr Wasser fließt heraus. Von dem Wein wollen wir nur kleine Schlucke während der Wanderung kosten, da wir Sorge haben, er könne

Quelle von Irache

uns in der Hitze sonst nicht gut bekommen. Als Thomas den Weinhahn voll aufdreht, um eine Wasserflasche aufzufüllen, ist unsere Überraschung sehr groß. Nach einem kurzen Schwall kommt kein Tropfen mehr. Ein erneuter Versuch führt zu demselben enttäuschenden Ergebnis. Wir lernen schnell die gebotene Bescheidenheit. Der Weinstrahl reißt automatisch ab, wenn man den Hahn zu weit öffnet, damit mehr Rotwein fließt. Nur Dosierungen in kleinen Mengen sind erlaubt. Die Quelle von Irache ist eine blendende Werbung für den rassig schmeckenden Rotwein Navarras.

Durch den Wein und die Hitze haben wir ein wenig die Orientierung verloren, es gibt auch keine gelben Pfeile mehr, die den rechten Weg weisen könnten. So müssen wir einen Spanier nach dem weiteren Verlauf der Strecke befragen. Der alte Mann rät uns, den Weg nach Villamayor de Monjardín an der maurischen Zisterne vorbei zu nehmen, einer weiteren architektonischen Kuriosität. Die Zisterne wird durch einen quadratischen Bau aus Stein geschützt, der an der Vorderseite zwei schlichte Eingangsbögen besitzt. Das Spitzdach ist bei der letzten Renovierung wieder mit großen Steinplatten im alten Stil eingedeckt worden. Darunter spannt sich ein Tonnengewölbe. Über die ganze Breite des Baus führen Treppen hinab zur Wasseroberfläche, jedoch nicht in der gewöhnlichen Folge gleicher Stufenhöhen. Sie werden vielmehr nach unten immer höher. Hierdurch wird, wenn die Zisterne voll ist und man durch das Wasser blickt, der Eindruck erzeugt, alle Stufen seien gleich hoch. Die Konstruktion nutzt fantasiereich die Gesetze der Lichtbrechung.

Die romanische Kirche San Andrés in Villamayor de Monjardín besitzt einen äußerst wertvollen Kirchenschatz. Als wir durch die weit geöffneten Eingangsportale eintreten, erleben wir eine Überraschung. Schrill heult eine Alarmanlage auf. Wir fühlten uns durch die offenen Portale durchaus eingeladen, die Kirche von innen anzuschauen, traten auch in der gebotenen Zurückhaltung an den Altar. Doch der Alarm, mit dem wir unwillkürlich alle Aufmerksamkeit auf uns ziehen, erzeugt ein beklemmendes Gefühl. Obwohl wir nichts Unrechtes taten, meinen wir, uns für unser Eintreten, das den Alarm auslöste, beinahe entschuldigen zu müssen. Die Küsterin eilt beflissen herbei, jedoch ohne neugierig oder sogar argwöhnisch zu sein. Sie bittet um Nachsicht, dass sie die Alarmanlage nicht abstellte und wir dadurch belästigt wurden. Leider, so sagt sie, müsse man heute doch sehr aufpassen. Denn nicht alle, die durchreisen, beträten die Kirchen am Jakobsweg in frommer Absicht, sondern zunehmend würden Wertsachen gestohlen oder Opferstöcke ausgehoben. Daher müsse man unbedingt in der Zeit der Siesta die Kirchen schließen und könne sie nicht einmal mehr zum Gebet offen halten. Schließlich könne sie sich ja nicht darauf verlassen, daß der Heilige Jakobus die Diebe durch ein Wunder entlarve, wie dies vor über zweihundert Jahren einmal geschah. Ein allzu dreister Gauner aus der Gascogne reiste damals als Pilger verkleidet durch die Gegend, brach die Opferstöcke der Kirchen auf und stahl die Silbermünzen. Die Häscher waren ihm dicht auf den Fersen, aber er entwischte ihnen immer wieder. Um schneller fliehen zu können, wollte er auf dem Viehmarkt ein Pferd erwerben. Als er mit den Silberlingen zahlen wollte, verwandelten sich diese in Muscheln. Er wurde des Diebstahls überführt und aufgehängt. Nicht nur Pilger des Mittelalters waren in großer Sorge darüber, in Nordspanien unter die Räuber zu fallen, sondern auch die Spanier hatten ihre liebe Not mit verbrecherischen Ausländern.

Unsere Familie ist guter Laune. Gabriele hat die Zweifel vergessen, schmerzende Füße könnten ihr die Lust verderben, weiter zu pilgern. Das bisherige Wegstück war sehr abwechslungsreich, unterschiedliche Erlebnisse und Eindrücke kamen auf uns zu und ließen die Zeit schnell verfliegen. So ist unsere Stimmung außerordentlich positiv.

Die Landschaft wechselt ihr Aussehen, der Weg über das Hochplateau zwischen neunhundert Meter hohen Bergkämmen verläuft auf den nächsten zehn Kilometern bis Los Arcos ziemlich eintönig. Großflächige grüne Kornfelder, die bis zu den Berghängen hinaufkriechen, und langausgedehnte Rapsfelder, die gerade in leuchtend gelber Blüte stehen, beleben das landschaftliche Einerlei kaum. Wir trotten in der Hitze nun in einem Wanderschritt dahin, der uns höchstens drei bis vier Kilometer in der Stunde voran bringt. Nach einer Stunde macht sich die Empfindung breit, der langweilige Weg bis zu unserem Etappenziel nehme kein Ende. Die Lust, kräftig weiterzumarschieren, nimmt ab. Jedem von uns ist klar, dass wir diese Durststrecke überwinden müssen. Mit ungeduldig vorauseilenden Blicken suchen wir die Einschnitte im linken Bergkamm darauf ab, ob der Weg endlich in der beschriebenen Linkskurve nach Los Arcos hineinfindet. Die einzige Abwechslung, die wir uns selbst verschaffen können, liegt darin, das Schritttempo zu beschleunigen und wieder zu verzögern.

Als wir kurz vor zwanzig Uhr, die Sonne ist schon untergegangen, endlich Los Arcos erreichen, haben wir alle an den Ermüdungen durch die beinahe dreißig Kilometer, die wir heute gegangen sind, schwer zu tragen. Jetzt merken wir erst, dass die Temperaturen frischer geworden sind. Die verschwitzte Kleidung klebt uns am Körper und kühlt die Haut unangenehm aus. Michael ist konditionell angeschlagen. Er klagt darüber, ihm sei kalt und er fühle sich matt. Die Sonne hat ihm an diesem Nachmittag mehr zugesetzt, als er glaubte.

Gabriele ist völlig erschöpft. Sie geht nur noch mit Mühe durch die Gassen. Jeden Schritt lässt sie mehr über die Außenkanten der Füße abrollen als über die Fußsohlen, die inzwischen wieder erheblich schmerzen. Mit hochgezogenen Hüften versucht sie, die Schritte abzufedern, so, als wenn sie geradezu vermeiden wollte, mit ihren Füßen den Asphalt oder den Steinbelag der Straße zu berühren. Sie klagt leise über die Qual. Vielleicht ist in ihr schon der Entschluss gereift, morgen bei der Pilgerwanderung auszusetzen. Mir scheint jedenfalls, dass es dazu keines großen Anlasses mehr bedarf.

Da die Herberge des Ortes zurzeit renoviert wird, nehmen wir Quartier in einem Hostal. Die Lage in der Familie droht durch unerwartete Schwierigkeiten durcheinander zu geraten. Michael wird es beim Abendessen plötzlich schlecht. Die Etappe hat ihn offensichtlich überanstrengt. Er hat Fieber, mit dem er am nächsten Tag auf keinen Fall die Pilgerreise fortsetzen kann. Genau das ist das Quäntchen, Gabrieles Entscheidung überfällig werden zu lassen, wegen anhaltender Fuß- und Hüftschmerzen morgen nicht weiter zu pilgern und mit Michael einen Ruhetag einzulegen. Sie wollen unser Auto aus St. Jean Pied de Port holen und nach Logroño bringen, dem Ziel unserer Tagesetappe morgen.

Da Gabriele ihren Beschluss kundgetan und den Abendtisch verlassen hat, um Michael beizustehen, denke wir darüber nach, dass die Pilgerreise noch nicht die erwartete Ruhe innerer Einkehr brachte, die wir uns erhofft hatten. Denn eigentlich waren wir jeden Tag bemüht, irgendwelche Mängel zu beheben, mit denen wir bei der Planung unserer Pilgerreise nicht gerechnet hatten. Heute Abend sind es einmal nicht unzureichend aufgefüllte Wasserflaschen, fehlende Schlafsäcke oder ungewisse Übernachtungsmöglichkeiten, die uns Kopfzerbrechen bereiten. Vielmehr ist es der Umstand, dass sich unsere Pilgergruppe um ein Drittel verkleinern wird, wenn Gabriele und Michael nicht mehr mitgehen. Dadurch wird das harmonische Zusammensein und gemeinsame Erlebnis empfindlich gestört. Wir vereinbaren, erst einmal in Ruhe zu schlafen und alles Weitere morgen zu regeln.

Von Los Arcos nach Logroño

Thomas, Stefan, Markus und ich starten um zehn Uhr nach Logroño, während Gabriele und Michael noch auf das Taxi warten, das sie nach St. Jean Pied de Port bringt. Da wir zwei Stunden später als sonst aufbrechen, ist es mittlerweile schon recht heiß. Als wir auf die Straße treten, fühle ich mich plötzlich angeschlagen, hoffe aber, dass dies beim Wandern bald wieder vorbei sein wird.

Über den Fluss Odrón hinweg müssen wir zunächst einen Asphaltweg zum Friedhof hin ansteigen. Die Mahnung „memento mori!" hat am Friedhofstor in einer eigenartigen Inschrift ihren Niederschlag gefunden: „Ich war, was Du jetzt bist, Du wirst sein, was ich jetzt bin". In meiner gegenwärtigen körperlichen Verfassung will mir dieses gescheite Wortspiel mit Vergangenheit, Gegenwart und Zukunft meiner materiellen Existenz nicht gefallen. Ich täusche mich schnell über die Betroffenheit hinweg, da ich mir einrede, der Spruch könnte auch auf dem Taufbecken einer Kirche stehen und bezöge sich auf den Täufling, er werde gleich durch das Sakrament in die kirchliche Gemeinschaft aufgenommen.

Ob dadurch getrieben oder motiviert, oder aber auch nur, um die am Morgen verlorene Zeit wieder aufzuholen, marschieren wir in der Hitze die siebeneinhalb Kilometer zur nächsten Ortschaft Sansol in einem schnellen Schritt. An der höchsten Stelle von Sansol liegt die Kirche des Heiligen Zoilo. Von ihrem Vorplatz haben wir einen weiten Blick über den Taleinschnitt des Río Linares hinweg auf den gegenüber tiefer gelegenen, kleinen Ort Torres del Río, in dem es eine sehenswerte Kirche gibt, die dem Heiligen Grab geweiht ist.

Es gelingt mir nicht, diese malerische Aussicht zu genießen. Ich trachte vielmehr danach, mich möglichst bald irgendwo auf dem Kirchplatz hinzusetzen und auszuruhen. Der schnelle Wanderschritt hat mich überfordert, und jetzt, da ich mich nach der körperlichen Anstrengung entspanne, kehrt plötzlich auch wieder das lähmende Befinden zurück, angeschlagen zu sein. Vielleicht hat mich aber auch dasselbe Übel gepackt, das Michael gestern Abend befallen hatte. Dann schlüge die Anstrengung viel stärker durch als gewöhnlich.

In meinem Kopf macht sich Schwerelosigkeit breit, ich merke, wie ich abschlaffe und eigentlich nichts anderes mehr will, als nur noch still dazusitzen und auf Erholung zu hoffen. Die Brote, die ich lustlos aus meinem Rucksack herauskrame, wollen mir überhaupt nicht schmecken, ich packe sie nach ein, zwei Bissen wieder ein.

Aus der Wasserflasche trinke ich viele kleine Schlucke. Ich lasse das kühle Wasser langsam durch den Mundraum spülen, bevor ich es hinunterschlucke. Es ist verwunderlich, welchen Geschmack Wasser haben kann. Es macht Lust darauf, mehr davon zu trinken und lässt sogar den Geschmack anderer Getränke als fad erscheinen.

Es amüsiert mich, gerade jetzt an Berichte von Pilgern aus dem Mittelalter denken zu müssen, die davor warnen, aus den Flüssen zwischen Estella und Logroño zu trinken, da sie für Mensch und Tier todbringendes Wasser führen. Vielleicht verkannten sie auch die klimatischen Gefahren und körperlichen Anstrengungen und schrieben die Folgen fälschlicherweise allein dem Wasser zu.

Allmählich kehren Kraft und Mut zurück. Mein verschwitztes Hemd überzieht die Haut mit einer unangenehmen Kälte, die mich veranlasst, mich zu meinen Söhnen in die Sonne zu setzen. Sie haben bisher noch nicht gemerkt, dass ich erheblich mit meiner Kondition zu kämpfen habe, obwohl ich für ihre Erfahrungen, die sie mit mir haben, ungewöhnlich still gewesen sein muss. Um nach außen hin den Eindruck zu erhalten, es sei alles in Ordnung, packe ich nun meine Brote wieder aus und versuche, wenigstens ein halbes davon zu essen. Die Sonne brennt erbarmungslos heiß auf mich herab, und die Lustlosigkeit, an meinem Platz auszuharren oder sogar weiterzupilgern, beginnt erneut in mir um sich zu greifen.

Ich bin überrascht, wie sensibel Körper und Sinne auf Veränderungen in der Umwelt reagieren, wenn man sich unpässlich fühlt. Eigentlich sollte man doch annehmen, dass der Mensch im Alarmfall auf einen sparsamen Umgang mit den körperlichen Reaktionen umschaltet. Das Gegenteil ist der Fall: Dringend habe ich den Schatten gesucht, in dem es mir zu kühl wurde; ich musste unbedingt zurück in die Sonne und empfinde es dort wieder als zu heiß. Am besten wartet man in einer solch misslichen Lage, in der einem nichts mehr passt, nicht zu lange auf Erholung, sondern geht dann schließlich doch bald weiter, wenn die Kräfte es zulassen. So dränge ich selbst zum Aufbruch und gestehe mir dabei nur eine Schwäche ein, die den Söhnen gleichwohl signalisiert, dass mein Wohlbefinden doch eingeschränkt sein muss. Ich bitte Markus, seinen wesentlich leichteren Rucksack gegen meinen schweren vorläufig zu tauschen, bis wir Viana erreichen.

Viana liegt fast zwölf Kilometer entfernt. Da wir unseren Wanderschritt etwas verlangsamt haben und auch keine größeren Anstiege zu bewältigen sind, erhole ich mich trotz der Mittagshitze wieder erstaunlich schnell. Vom nahen Ebro weht ein leichter Wind herauf, der erfrischt.

Viana wurde vom dreizehnten bis zum fünfzehnten Jahrhundert von den Königen Navarras als Verteidigungsposten an der Grenze zu Kastilien angelegt und zur Stadt erweitert. Davon zeugen trutzige Festungsmauern, an denen der Camino vorbeiführt. Alte Adelspaläste aus Sandstein sind von sehr gut erhaltenen Familienwappen geziert.

Im Erdgeschoss eines Hauses entdecken wir ein kleines Restaurant mit dem Namen Borgia. Es ist der Appetit, der uns näher treten und die ausgehängte Speisekarte eingehender studieren lässt. Was wir auf der Karte an Gerichten finden, zählt zu den besten Feinschmeckerspezialitäten der spanischen Küche und ist es dem um das Wohlbefinden von Gourmets besorgten roten Michelinführer wert, dafür einen Stern zu vergeben. Die Spezialitäten reichen schon in ihrer spanischen Bezeichnung aus, mir das Wasser im Munde zusammenlaufen zu lassen: Huevo escalfado con salsa de vino, verduras y setas. Manos de cordero con salsa de jamón. Compota de albaricoque con salsa de queso de oveja. So wirbt die Küche besonders mit: Pochierte Eier in Weinsauce, feines Gemüse und Pilze. Vorderfüße des Lamms in Schinkensauce. Aprikosenkompott mit Ziegenkäsesauce. Ein komplettes Essen kostet fünfundzwanzig bis dreißig Euro und ist damit viel günstiger als in ähnlichen Ein-Sterne-Restaurants in Frankreich und Deutschland.

Ich bedaure es, dass die Familie jetzt nicht zusammen und auch die Mittagszeit schon vorüber ist; wir hätten im Borgia unsere Gaumen gut verwöhnen lassen können. Andererseits freue ich mich, dass mir das Studium der Speisekarte, nachdem ich am Morgen so unpässlich war, spontan die Lust an köstlichem Wein und feinem Essen zurückgebracht hat. Als ich endlich von der Speisekarte ablasse, tritt ein älterer Spanier aus dem Restaurant, dem man den Feinschmecker geradezu anzusehen glaubt. Die kleine Statur, der wohl gerundete Bauch, kleine, aber hellwache Augen, ein akkurat geschnittener Schnurrbart und die letzte Hälfte einer Havanna zwischen den Lippen lassen vermuten, dass er ein Mann des sensiblen Genusses sein muss. Er hat von drinnen beobachtet, wie intensiv ich die Speisekarte las, und gibt uns nun, da er mit uns ins Gespräch kommen will, eine höchst interessante Lektion über gutes Essen und Trinken in Spanien.

Das Borgia, so erläutert er, ist nicht das einzige Ein-Sterne-Restaurant am spanischen Teil des Jakobswegs. Sechs Restaurants dieser Art liegen an diesem Weg. Deren regionale Konzentration markiert aber deutlich, in welchen Gegenden man mit besonderen lukullischen Hochgenüssen spanischer Küche rechnen darf. Ihre Speisen kommen selbstverständlich nicht nur wegen des Preises nicht als tägliches Menü für den Pilger in Frage, sondern überfordern auch den Magen auf die Dauer.

Neben dem Borgia wetteifern in Navarra drei weitere Restaurants um die Gunst des Feinschmeckers. Sie bieten Spezialitäten, die typisch für die Region sind: Salat von zwei Sorten Leber mit gedünstetem Gemüse, Weißling gefüllt mit Krustentieren, Ente in Armagnac mit Herbstfrüchten oder Frischer Krabbensalat und Entenbries, Heilbutt in Erbsenrahm und bissfestes Gemüse, Ausgelöster Ochsenschwanz in Cabernet Sauvignon oder Salat von klein geschnittenem Gemüse mit mariniertem Lachs, Seebrasse aus Kantabrien in Weinessig Gran Reserva, Musselin von Kaffee.

In Galicien verdienen zwei Restaurants aus der Sicht unseres spanischen Gourmets besondere Beachtung. Kleine Tintenfische mit Paprika, Barsch in Tomatenmus mit Spargel, Quarkcreme mit Plättchen aus Karamellzucker bzw. Salat von Jakobsmuscheln an Essigsauce mit Trüffeln nach Modener Art, Gegrillter Barsch auf Hummersauce, Warme Schokoladenmousse mit Orangenstaub sind hier die Gerichte, auf die er sich am meisten freut, wenn er diese beiden Gaststätten besucht.

Auf den sechshundert Kilometern von Viana bis Santiago gibt es keine weiteren mit Sternen ausgezeichnete Restaurants, obwohl man die großen Provinzen Altkastilien und León mit ihren altehrwürdigen Hospizstädten Logroño, Burgos und León durchquert. Das liegt daran, so meint er augenzwinkernd und nicht ganz ernst, dass Pilger von Alters her um Herbergen und Krankenhäuser verlegen waren, aber am Essen zuerst knauserten!

Der Mann fährt mit seinen Erzählungen lebhaft fort und gerät ins Schwärmen, als er schließlich auf den Wein zu sprechen kommt. Heute ist Viana, so doziert er eifrig, das Durchgangstor von den Weinfeldern Navarras zum Rioja-Gebiet. Dieses Weinanbaugebiet zieht sich zwischen den beiden Bergketten Urbasa und Demanda am Ebro entlang, gilt als das berühmteste Spaniens und ist in ganz Europa für seine hervorragenden Weine bekannt.

Schon zur Zeit der Römer wurde hier Wein gekeltert. Aber erst die Franzosen verhalfen in der zweiten Hälfte des neunzehnten Jahrhunderts den Weinen aus dem Rioja zu einer über Spaniens Grenzen hinausgehenden Verbreitung. Reblaus und Mehltau bedrohten damals den Weinanbau in Südfrankreich, die Ernten reichten nicht mehr aus, die Nachfrage zu decken. Französische Winzer und Händler importierten daher die fehlenden Mengen aus dem Rioja. Dabei war der Handel für beide Parteien so lukrativ, dass mit französischer Kapitalhilfe und Weinanbautechnik neue Bodegas gegründet wurden. Sie sind zum Teil heute noch an ihren ursprünglichen Namen wie „Bodegas Franco-Españolas" als internationale Unternehmenskooperationen zu erkennen.

Vor einhundertfünfzig Jahren wurden auf etwa 50 000 Hektar rund 50 Millionen Liter Rioja-Wein erwirtschaftet; jetzt ist es mehr als das Fünffache. Die Mischung der spanischen Traubensorten Tempranillo, Garnacha und Graciano erlaubt

Weinfelder des Rioja

die für die qualitätsvolle Reifung des Rotweins in Eichen-
fässern nötige Lagerung, gibt ihm den klaren fruchtigen Geschmack und verleiht ihm das unverwechselbare Aroma. Für
den Pilger, der sich nun in dieser Region befindet, wäre der
Wein des Rioja sicherlich die köstlichste Alternative zum
Wasser, wenn der Genuss nur nicht Geist und Beine so
schnell erlahmen ließe. Hier fallen für unseren spanischen
Feinschmecker die Worte, die ihm bewusst werden lassen,
dass es Zeit ist, mit seiner Lektion aufzuhören. Speisen und
Weine im Borgia waren köstlich, nun ist er müde und freut
sich auf die Siesta. Der alte Spanier verabschiedet sich von
uns mit Handschlag, steckt seine Zigarre wieder zwischen die
Lippen und schlendert die Straße hinab. Wir sind tief beeindruckt, dass er sich so lange Zeit für uns genommen hat.

Nachdem wir vom Kantabrischen Bergrücken abgestiegen
sind, stoßen wir auf die Landstraße am Ebro. Von ihr biegt
man nach links ab, um über die schon auf das elfte Jahrhundert zurückgehende und Ende des letzten Jahrhunderts neu
erbaute Steinerne Brücke (Puente de Piedra) die Altstadt von
Logroño zu betreten. Zwischen der Landstraße und dem Fluss
liegen kleine Gärten. Das Grün der Blumen-, Salat- und Ge-
müseanpflanzungen glänzt satt im Gegenlicht der tief über der
Stadt stehenden Abendsonne, es grenzt sich scharf gegen die
schwarze Erde der Beete ab. Die gepflegten und ordentlich
bewirtschafteten Gärten sind mit hohen Maschendrahtzäunen
umgeben. Gegen das warme, goldene Sonnenlicht verwandeln
sich die Zäune zu Netzen, durch die der Blick auf Ebro,
Steinerne Brücke und Logroño fällt. Die Türme der Kirchen
ragen wie Scherenschnitte gegen den Abendhimmel. Am
Ende der Gärten, näher zum Fluss, muss der Grafiker, der den
begehrenswerten Stempel der Pilgerherberge von Logroño
geschaffen hat, gestanden und seine Inspiration für den Ent-
wurf des Stempels erhalten haben. In künstlerischer Freiheit

bündelte er die Sonnenstrahlen so, dass sie stilisiert die Konturen der Jakobsmuschel nachbilden.

Wir bleiben nicht allein in der wunderbar eingerichteten und sauberen Herberge von Logroño. Kurze Zeit nach uns rückt eine spanische Gruppe von vierzig Personen ein und fällt wie ein Schwarm über die noch nicht belegten Betten her. Die Frauen und Männer dürften zwischen fünfzig und sechzig sein. Nach ihrer Straßenkleidung sowie den Koffern, Reisetaschen und Mänteln zu urteilen, sehen sie wie Busreisende und nicht wie Pilger aus. Die Irritation klärt sich aber bald auf. Es ist Wochenende – genauer gesagt Samstag vor Palmsonntag. Derartige Wochenenden nutzen die Mitglieder zahlreicher Jakobsbruderschaften, die am Pilgerweg für die Errichtung, Unterhaltung und Pflege einzelner Herbergen verantwortlich zeichnen, um in der Gruppe bestimmte Strecken des Jakobswegs zu wandern. Es ist keineswegs ungewöhnlich, dass Spanier ihr Freizeithobby Wandern oder Radfahren auf Abschnitte des Jakobswegs verlegen.

Von Logroño nach Nájera

Die ganze Familie ist, Jakobus sei Dank, heute Morgen wieder zusammen unterwegs. Der Alte Weg, die Rúa Vieja, führt uns schon nach wenigen Metern zur gotischen Kirche Santiago el Real, die dem Apostel geweiht und mit zahlreichen Darstellungen aus seinem Leben geschmückt ist. Am stärksten beeindruckt die mächtige Skulpturengruppe im oberen Teil der Südfassade, die den Apostel Jakobus als Bezwinger der Mauren rühmt. Auf einem feurigen Hengst stürmt Santiago mit wehender Standarte und hoch erhobenem Schwert in die Schlacht, und unter den Hufen seines Schimmels fallen die gegnerischen Krieger zuhauf. Dadurch verhalf Jakobus dem König Ramiro I. aus León, wie die

Legende zu berichten weiß, gegen das Maurenheer von Abdar-Rachman I. zum Sieg.

In Navarrete, zehn Kilometer hinter Logroño haben sich alle Einwohner auf dem Kirchplatz versammelt und warten auf die Palmenweihe. Den Pfarrer treffen wir in der Kirche an. Er nimmt sich Zeit, unsere Pilgerpässe zu stempeln; er vollendet den Akt durch seine ausholende Unterschrift und die Datumsangabe. Da er diesen Vorgang für alle Mitglieder unserer Familie vornimmt, sieht es wie eine feierliche kirchliche Beurkundung aus, gerade so, als wenn es sich um eine Taufe oder Hochzeit handelte. Er erkundigt sich zudem, von wo wir heute aufgebrochen sind, wie weit wir an diesem Tag gehen wollen und wo wir wohnen. So viel seelsorgerliche Anteilnahme und Zuspruch mag an normalen Tagen nicht ungewöhnlich sein. Wir bemerkten jedoch, als wir die Kirche betraten, dass der Pfarrer eilig beschäftigt war, den Gottesdienst und die Palmweihe vorzubereiten, die schon begonnen haben sollte. Die Verzögerung und das Warten der Messbesucher nahm er aber in Kauf und gab uns so für den Augenblick das motivierende Gefühl, dass er unser Anliegen, nach Santiago zu pilgern, für wichtig hält.

Als wir zusammen mit dem Pfarrer aus der Kirche treten, erwartet die Gemeinde ihn bereits. Die Gemeinde, das sind auch hier vornehmlich Frauen und Kinder; die Männer stehen ein wenig abseits und „missbrauchen" die Versammlung, um am Rande Informationen auszutauschen, bevor die Messe in der Kirche beginnt. Manche Kinder haben helle, ein bis eineinhalb Meter lange Palmzweige in ihren Händen, deren Wedel oben kunstvoll zu Laternen, Girlanden, Blüten und Sternen gestaltet sind. An einigen Wedeln sind Bonbons oder andere Süßigkeiten befestigt, eingepackt in farbiges Papier.

Bis zur Herberge in Nájera sind es noch gut fünfzehn Kilometer. Die ersten sechs Kilometer verläuft der Pilgerweg auf der Landstraße. Wir versuchen, dem harten Teerbelag zu entgehen, indem wir im Gänsemarsch hintereinander auf der linken Grasnarbe laufen. Da es mittlerweile ziemlich heiß geworden ist und die Sonne vom Himmel herabsticht, haben sich Thomas, Stefan und Michael T-Shirts um den Kopf gewickelt. Sie sehen wie marokkanische Landarbeiter aus.

So trotten wir vor uns hin und deuten das Hupen vorbeifahrender Autos als Warnung, Obacht zu geben. Erst als es uns aus beiden Fahrtrichtungen wiederholt entgegen tönt und manche Pkw-Fahrer die Fenster herunterkurbeln, um uns immer wieder dieselben unverständlichen Wortfetzen zuzurufen, beginnen wir, darauf zu achten, was der Inhalt ihrer Botschaft ist. „Ánimo!", „Ánimo!", „Ultreya!", rufen sie uns zu, was wohl so viel bedeuten soll wie im Pilgereifer nicht nachzulassen und darauf zu vertrauen, dass wir jenseits des nächsten Bergkamms unserem Ziel wieder ein Stück näher kommen. Ihre Anfeuerungsrufe helfen uns über Tiefpunkte auf dem zurzeit wenig interessanten Streckenabschnitt hinweg. Dieser Teil des Weges ist nicht so gut mit Richtungspfeilen markiert. Ersatzweise dienen Schilder aus Holz und Stein als Wegweiser, welche die Aufschriften „Ánimo!" oder „Ultreya!" tragen.

Der Pilgerweg führt zwischen Weinbergen, Mandel- und Olivenbäumen hindurch und bringt uns an den Rolandshügel heran, der etwa vier Kilometer vor Nájera liegt. Von hier aus soll Roland mit einem gewaltigen und treffsicheren Steinwurf den sich in der Stadt aufhaltenden muselmanischen Herrscher Ferragut erschlagen und dann die in Nájera gefangen gehaltenen Ritter seines Heeres aus dessen Gewalt befreit haben. Dass es sich aber ebenso gut auch anders zugetragen haben kann, nämlich dass Roland Ferragut im Kampf zu Pferde getötet hat, davon gab vorhin ein Kapitell am romanischen Portal des Friedhofs von Navarrete Zeugnis.

Die Herberge von Nájera ist in einem mittelalterlichen Gebäude untergebracht, das Teil eines historischen Kirchenkomplexes aus dem sechzehnten Jahrhundert ist. Der auf zwei Etagen aufgeteilte und in seinem höheren Teil noch von den Überresten eines Kreuzgewölbes bedeckte Hallenraum wurde modernisiert und bietet allen Komfort. Als wir auf der Hochetage unsere Betten belegen, treffen wir ein belgisches Ehepaar, das am Fenster sitzt und entspannt in Reiseführern liest. Es lässt sich durch unsere Ankunft so bald noch nicht von seiner Lektüre ablenken. Erst als wir in seiner unmittelbaren Nähe unsere Nachtlager beziehen, entwickelt sich ein Gespräch.

Sie kommen aus Brügge. Die Frau ist Mitte vierzig und arbeitet als Sekretärin in der Verwaltung eines internationalen Industriekonzerns. Der Mann ist Ende vierzig und als Computerfachmann im Großhandel tätig. Hinter den hornberänderten Brillengläsern blitzen seine Augen, wenn er ins Schwärmen darüber gerät, wie seine Frau und er dazu gekommen sind, den Jakobsweg zu gehen, und wie sie das zeitlich organisierten.

Schon vor etlichen Jahren nutzten sie den Jahresurlaub für eine einwöchige Wanderung in den Süden Belgiens über Gent nach Lille und besichtigten Kirchen und Klöster. Im Nachhinein stellten sie dann fest, dass ihre Wanderstrecke mit dem Zubringerweg übereinstimmt, der zu einer der klassischen vier Hauptrouten des Jakobswegs durch Frankreich, nämlich zur Via Turonensis führt. Er ist nach der Stadt Tours benannt und beginnt an der Tour St. Jacques in Paris, der alten Sammelstelle der Pilger aus Nordeuropa. Stand also zunächst das Wandern im Vordergrund, so wurde durch die überraschende Entdeckung das religiöse Interesse an einer Pilgerreise mehr und mehr geweckt. Fortan verplanten sie stets ein bis zwei Wochen ihrer letzten sechs Jahresurlaube dazu, über Saint

Quentin nach Paris zu kommen und von dort über Orléans, Tours, Poitiers, Bordeaux allmählich weiter in den Süden Frankreichs bis zu den Pyrenäen vorzudringen. Bis Santiago legen sie etwa zweitausend Kilometer zurück. Die mitgeführte Lektüre bestätigt, dass das kulturelle Interesse längst von religiösen Beweggründen in den Hintergrund gedrängt worden ist

Wir vereinbaren, unsere Unterhaltung in der Bar „Die vier Sänger" gegenüber der Herberge bei köstlich süßer Milch fortzusetzen, deren Genuss uns das Ehepaar dringend empfiehlt.

Mit Manolo und Marisa haben wir uns zum Abendessen im Restaurant Mesón Duque Forte verabredet. Wir wollen den Abend bei einem Menü, gutem Wein und Spezialitäten der Region etwas stimmungsvoller ausklingen lassen, als es die Kargheit der Herberge erlaubt.

Wir haben unsere Ausgehkleidung angelegt und schlendern durch den Ort zum verabredeten Treffpunkt. Die Auslagen in den Schaufenstern der Geschäfte sehen hier nicht anders aus als in den Städten, durch die wir bislang gegangen sind. Doch fallen uns prachtvolle Nähkästen auf, wie wir sie noch nie zu Gesicht bekommen haben, die wohl aber für diese Gegend typisch sind. Sie sind aus dunklem Holz und stehen auf vier schlanken Beinen. Man kann sie wie Picknick-Kästen aufklappen, innen sind sie praktisch unterteilt und mit Seidenstoffen ausgekleidet. Die Deckel tragen auf der oberen Seite eine Stoffpolsterung, die mit petit-point-Stickerei verziert ist. Solche Nähkästen sind eine Rarität.

Im Mesón Duque Forte – zu Deutsch: Zum Tapferen Herzog – gibt es fast keinen Platz mehr. Nach längerem Warten bekommen wir einen Tisch für acht Personen. Auffallend viele junge Leute haben sich zum Abendessen eingefunden, und sie sind lebhaft und wortreich in Gespräche verwickelt, die sich über die Tische hinweg ausbreiten. Vor dem Menü probieren wir die von Manolo empfohlenen Spezialitäten, die man sich keinesfalls entgehen lassen sollte, auch wenn sie leicht zu Magendrücken führen können: Patatas bravas, Bacalao und Cortezas de cerdo. Das sind leicht angebratene Kartoffelscheiben mit pikanter Mayonnaisensauce, gebratene Stücke vom Dorsch und geröstete Speckschwarte. Bei mäßigem Verzehr von Rioja, nach einem dem Espresso sehr ähnlichen Cafe solo und einem Glas spanischen Brandy lässt sich jedoch alles gut verdauen.

In der Herberge ist es kalt. Decken stehen nur spärlich zur Verfügung. Damit Gabriele nicht friert, erhält sie von Marisa für die Nacht eine warme Sportjacke ausgeliehen. So viel selbstlose Unterstützung kann man nicht erwarten, sie wird höchstens gewährt und bringt ohne Worte zum Ausdruck, wie sehr eine gemeinsame Pilgerwoche über nationale und sprachliche Unterschiede hinweg verbindet.

Von Nájera nach Santo Domingo de la Calzada

Wir haben bis Santo Domingo de la Calzada nur zwanzig Kilometer zu bewältigen. So können wir sie in Ruhe angehen.

An der Klosterkirche Santa María la Real wendet sich Gabriele zum Bushalteplatz. Ihr haben die sechsundzwanzig Kilometer gestern gereicht; sie ist noch nicht wieder ganz erholt. So fährt sie nach Logroño zurück und holt unser Auto. Meine Söhne und ich nehmen die Straße nach rechts, die nach einem steilen Anstieg zu den Korn- und Gemüsefeldern oberhalb der Stadt hinaufführt.

Friedliche Stimmung umgibt uns, als wir durch die weithin überschaubare und sanft gewellte Ackerlandschaft laufen. Ein Bewässerungssystem von Gräben und Kanälen durchzieht die Gemüsefelder. Durch Steinschieber kann man die Schleusen in den Wasseradern so planvoll schließen und öffnen, dass alle Feldsegmente nach einer wohl durchdachten Prozedur nach und nach von der erforderlichen Menge Wasser überflutet werden. Diese Bewässerungskunst ist eine Errungenschaft der arabischen Völker. Die Mauren haben sie den Spaniern als unfreiwilliges, aber nützliches Erbe hinterlassen.

Nach gut fünf Kilometern erreichen wir die Ortschaft Azofra, die eine lange Tradition der Beherbergung von Pilgern aufweist. Diese gehört aber keineswegs der Vergangenheit an, sie lebt vielmehr recht lebendig, wie uns eine zierliche, ältere Spanierin zu erzählen weiß. Sie verwaltet die Herberge der Pfarrgemeinde und fragt uns, ob wir übernachten wollen. Diese Frage scheint uns um zehn Uhr morgens ziemlich unpassend. Wir schauen die alte Dame, deren dünnes Haupthaar hin und her weht und die die Schlüssel der Herberge bereits in den Händen hält, etwas verständnislos an. Dann verneinen wir ihre Frage mit dem Hinweis, dass wir in Santo Domingo de la Calzada erwartet werden, folgen ihr aber zur nahe gelegenen Herberge, um unsere Pilgerpässe abstempeln zu lassen. Sie muss mitbekommen haben, dass wir aus Deutschland sind; sie erkundigt sich nämlich beiläufig nach unserem Wohnort, und das klingt eher nach einer letzten Vergewisserung als nach Neugier. Als wir ihr sagen, dass wir aus der Nähe von Köln kommen, bricht ihre Mitteilsamkeit, die von reichen Gesten begleitet wird, völlig auf, und sie erzählt uns von der jüngsten Renovierung der Herberge.

Die Herberge war baufällig und in einem schlechten Zustand, als jener Herbert Simon, der schon in der Herberge von Larrasoaña erwähnt wurde, sie mit seinen Freunden der Jakobusgesellschaft in Köln mit ziemlichem Aufwand wieder instandsetzte. Er und seine Frau Liliane legten selbst mit Hand an, Baumaterialien, Türen, Fenster, Waschbecken und Betten zu beschaffen, und begleiteten die Bauarbeiten. Aus der

Gruppe der Freunde half, wie es Urkunden an den Innenwänden der Herberge zu entnehmen ist, ein Ehepaar Cramer besonders tatkräftig mit, das zeitweise auch vor Ort nach dem Rechten sieht und die Verwaltung der Herberge besorgt. Die alte Dame führt uns durch die hellen Räume der kleinen Herberge. Viele Privatleute aus europäischen Ländern und sogar aus Übersee machen sich heute noch darum verdient, durch Spenden und Eigenleistungen die Herbergsstätten am Pilgerweg zu erhalten. So fühlen wir uns hier zweitausend Kilometer von unserem Wohnort entfernt nicht in der Fremde, sondern sind dank des Engagements der Jakobusfreunde aus Köln überraschend eng mit unserer Heimat verbunden.

Die Frage der liebenswürdigen Dame, ob wir in ihrer Herberge übernachten wollen, bleibt uns dennoch rätselhaft. Wir haben nämlich noch nicht erlebt, was im Sommer leicht zur täglichen Erfahrung werden kann: Wegen der sehr viel größeren Anzahl von Pilgern und der schon früh am Tage einsetzenden Hitze gibt es bereits zwischen elf und zwölf Uhr morgens einen wahren Massenlauf auf die Herbergen, der nicht selten mit dem Aufstehen beginnt. Dann ist es nicht ungewöhnlich, dass in den Herbergen kein Bett mehr frei ist und man auf dünnen Holztafeln auf dem Fußboden übernachten muss.

Hinter einem Eichenwald holen wir auf der Pflasterstraße zum Dorf Cirueña Manolo und Marisa ein. Wir wandern die letzten acht Kilometer zusammen, die durch offenes hügeliges Gelände verlaufen, und rasten noch einmal für eine Stunde im Schatten hoher Korkeichen, unter denen sich ein großer weicher Grasteppich ausbreitet. Lang hingestreckt dösen wir eine Weile. Niemand käme auf die Idee zu drängeln, dass wir nun weitergehen müssten.

Der Verwalter der Herberge von Santo Domingo de la Calzada ist ein begeisterte Jakobspilger. Da er berufstätig ist,

kann er den Pilgerweg nur abschnittsweise in Urlauben er-
wandern. Er legte sich dabei auf die seltene Vorgehensweise
fest, seinen Jakobsweg rückwärts Stück für Stück zusammen-
zusetzen. Er wanderte zuerst von Santo Domingo de la
Calazada nach Santiago de Compostela. Dann nahm er Roncesvalles zum Ausgangspunkt des nächsten Abschnitts bis zu
seinem Heimatort. In den kommenden Jahren will er den Weg
von Le Puy nach Roncesvalles gehen. Auf weitere Strecken,
etwa von Dijon, Metz und Köln oder sogar noch nördlicher
will er sich nicht festlegen lassen.

An den Wänden der Eingangshalle hängen Ankündigungen
über Festveranstaltungen sowie Kalender mit besonders schönen Fotomotiven des Jakobswegs. Eine Grafik erregt besondere Neugier. Auf ihr ist für die letzten Jahre nach Nationali-
täten getrennt aufgezeichnet, wie viele Pilger auf dem spanischen Teil des Jakobsweges zu Fuß oder mit Fahrrädern unterwegs waren. In normalen Jahren sind das etwa zwanzig- bis
dreißigtausend Personen; diese Zahl kann sich verzehnfachen,
wenn ein Heiliges, ein „Jakobäisches Jahr" vorliegt, d.h. wenn
der Festtag des Schutzpatrons Spaniens, der 25. Juli, auf einen
Sonntag fällt. So viele Pilger kann man natürlich nicht in Herbergen unterbringen, sondern zu solchen Anlässen werden
von den Provinzverwaltungen Zeltunterkünfte errichtet, und
alle Hotels, Hostals, Pensionen und privaten Übernachtungsmöglichkeiten sind dann total ausgebucht. Den größten Anteil
an den jährlichen Pilgern stellen die Spanier – dann kommen
mit Abstand die Franzosen und die Deutschen.

Der Ortsname „Santo Domingo de la Calzada" bedeutet ins
Deutsche übersetzt so viel wie „Heiliger Domingo der Pflasterstraße" und weist damit schon auf das Wirken des Heiligen
zum Nutzen der Pilger hin. Der Heilige Domingo wurde im
elften Jahrhundert in Viloria de Rioja geboren, das nur fünfzehn Kilometer weiter am Pilgerweg auf der Grenze zur Pro-

vinz Burgos liegt. Er ließ sich hier am Ufer des Flusses Oja als Einsiedler nieder, nachdem er in den nahe gelegenen Klöstern von Valvanera und San Millán vergeblich um Aufnahme in die Ordensgemeinschaften nachgesucht hatte. Man darf ihn nicht verwechseln mit jenem Heiligen Domingo de Silos, der in dem Ort Cañas, vier Kilometer südwestlich von Azofra, beheimatet war, etwa zur gleichen Zeit dem Kloster San Millán als Prior vorstand und später die Abtei des Heiligen Sebastian in Silos wieder aufbaute. Domingo der Einsiedler betreute vielmehr hier am Río Oja die Pilger, errichtete für sie eine Herberge, baute eine gewaltige Brücke mit vierundzwanzig Bögen über den Fluss und soll eine fast dreißig Kilometer lange Pflasterstraße angelegt haben, welche die beiden Orte Nájera und Redecilla del Camino miteinander verband und auf der heute noch die Route verläuft.

Nach seinem Tode wurde Domingo neben der Pflasterstraße beerdigt. Es ist die Stelle, an der sich heute die gotische Kathedrale befindet, die auf den Überresten der noch von Domingo selbst erbauten romanischen Kirche steht. In der Kathedrale kann man das Grabmal des Heiligen besichtigen. Am meisten jedoch erstaunt der Hühnerstall in der Mauernische des Querschiffs, in dem hinter kunstvoll geschmiedeten Renaissance-Gittern stets ein weißer Hahn und ein weißes Huhn leben. Sie erinnern an das berühmteste Wunder, das der Heilige Domingo hier gewirkt haben soll.

Ein Jüngling aus Xanten, das damals zur Diözese Köln gehörte, pilgerte im vierzehnten Jahrhundert mit seinen Eltern nach Santiago und übernachtete im Wirtshaus von Santo Domingo. Die Magd des Hauses versuchte den Jüngling zu verführen, wurde von diesem aber tugendhaft abgewiesen. Aus Verärgerung darüber steckte die Magd einen Silberbecher zwischen das Gepäck des jungen Mannes und beschuldigte ihn am nächsten Morgen des Diebstahls. Der Jüngling wurde vor den Richter geschleppt, zum Tode verurteilt und sofort gehängt. Bevor die verzweifelten Eltern ihre Pilgerreise fortsetzten, suchten sie noch einmal die Hinrichtungsstätte auf, um von dem Toten Abschied zu nehmen. Überrascht stellten sie fest, dass ihr Sohn noch lebte und sagte, der Heilige Domingo habe ihn unter den Füßen gehalten, sodass ihm die Schlinge nichts anhaben konnte. Die Eltern berichteten das Unglaubliche dem Richter, der gerade zu Tisch saß und gebratene Hühner verspeisen wollte. Spöttisch antwortete der Richter, dass ihr Sohn so lebendig sei wie das Federvieh auf seinem Teller. Den gebratenen Hühnern wuchsen plötzlich Federn, sie flogen vom Teller auf und gackerten, um die Unschuld des Jünglings zu bezeugen. Der junge Mann wurde auf Geheiß des Richters vom Galgenstrick losgeschnitten und konnte mit seinen Eltern die Pilgerreise fortsetzen.

In der Hitze durch die Meseta

Von Santo Domingo de la Calzada nach Villafranca Montes de Oca

Wir hätten den Wecker nicht auf halb sechs zu stellen brauchen, um frühzeitig auf die fünfunddreißig Kilometer lange Tagesstrecke aufzubrechen, bevor die zermürbende Hitze des spanischen Sommers einsetzt. Es ist vier Uhr morgens. Stefan, Markus, Michael und ich, die diesen Teil der Pilgerreise alleine unternehmen, haben die ganze Nacht über nicht geschlafen. In Ungeduld sehnen wir das Ende der Nacht herbei. Wiederholt blicken wir auf unsere Armbanduhren. Aufzustehen und loszugehen wäre allemal besser, als noch länger in dieser Lage zu verweilen.

Mit T-Shirts und leichten Turnhosen bekleidet liegen wir auf unseren dünnen Schlafsäcken. Da gestern Nachmittag, als wir mit dem Auto in Santo Domingo de la Calzada ankamen, keine Betten mehr frei waren, wurde uns das Nachtlager in einer großen Halle neben der Herberge zugeteilt, die für gewöhnlich als Gemüsehalle oder Futterbörse dient. Um nicht auf dem Boden schlafen zu müssen, konnten wir uns mit Holztafeln eine Schlafstelle auf dem Fußboden einrichten. Freilich waren auch Holztafeln nur begrenzt vorhanden, und wer zu spät kam, dem blieb nur dünner Faltkarton oder der nackte Boden, um sich darauf zu betten.

Es ist quälend heiß! Gestern Nachmittag waren es achtunddreißig Grad. Die Sonne hat seit Wochen die Halle aufgeheizt. Im Inneren steht die Luft. Wir schwitzen am ganzen Körper.

Viele Pilger schnarchen, manche so laut, dass die Geräusche den Schlaf vertreiben.

Selbstverständlich waren wir gestern davon überzeugt, dass wir noch Betten bekommen würden – zumal wir nur vier Personen sind. Thomas musste wegen des Studiums zu Hause bleiben. Gabriele scheute die Strapazen des spanischen Sommers.

Auf dem Weg zum Holzbrettlager stellten wir überrascht fest, dass in den Schlafräumen noch einzelne Betten unbelegt waren. Zunächst verwunderte uns das, dann ärgerten wir uns, dass uns diese Betten nicht zugeteilt worden waren. Allerdings wollten wir uns nicht beim Herbergsleiter beschweren. Das hätte den Verdacht nahe gelegt, wir seien auf unseren eigenen Vorteil bedacht. Gleichwohl überlegten wir, ob wir unser Übernachtungsschicksal nicht durch eine beachtliche Spende zur Unterhaltung der Herberge korrigieren könnten. Zugleich fanden wir diesen Gedanken aber auch wieder beschämend, und das ungute Gefühl, das uns dabei beschlich, sollte sich als richtig erweisen.

Vom Herbergsverwalter erfuhren wir später, nach welchem Verfahren die Nachtlager verteilt werden, wenn die Betten nicht ausreichen, wie das in vielen Herbergen in den Sommermonaten vorkommt. Dann ist das tradierte Prinzip der Zumutbarkeit die einzig wahre Formel, die Pilger fair zu behandeln. Pilger, die gerade erst mit dem Auto angekommen sind, erhalten das Notlager, da sie frisch und kräftig sind und die Holzbrettschlafstellen mental am besten ertragen können. Sie stehen bei der Zuweisung regulärer Betten ganz am Ende der Bedürftigkeitsskala. Vor ihnen rangieren die Personen, die den Camino mit dem Fahrrad bereisen. Der gewöhnliche Pilger zu Fuß erhält ein Bett, wenn die Notreserve noch nicht angegriffen ist. Diese Notreserve wird von den Herbergsverwaltern frei gehalten, um Pilger, die sehr spät ankommen, besonders erschöpft oder sogar erkrankt sind, mit einem ordentlichen Bett zu versorgen. Natürlich hatten wir auf diese Notreserve, die uns in den Schlafräumen aufgefallen war, nicht spekuliert. Wie dumm hätten wir dagestanden, wenn wir sie unwissend lauthals für uns reklamiert hätten! Die unbewusste Übung in Bescheidenheit hat uns vor peinlicher Lächerlichkeit bewahrt.

Um Viertel nach fünf kräht das erste Mal ein Hahn und kündet vom Anbruch des Tages. Zwei andere Hähne tun es ihm gleich. Ihre Stimmen klingen kraftlos. Der Richter, der damals den Jüngling aus Xanten zum Tode durch den Strang verurteilte, hätte so ein heiseres Krähen nicht als überzeugenden Beweis für dessen Unschuld gelten lassen.

Als wir Santo Domingo de la Calzada verlassen und durch die Felder ziehen, schließt ein schmächtiger spanischer Junge mit ausgreifenden Schritten zu uns auf. Seine langen pechschwarzen Haare wippen bei jedem Schritt nach hinten ab und fallen dann wieder in den Nacken zurück. Er stellt sich vor, sein Name ist Adrian, und er kommt aus der galicischen Küstenstadt La Coruña. Obwohl er neunzehn Jahre alt ist, reicht er mir gerade knapp über die Schultern. Mit Turnschuhen, Sportsocken, kurzer Hose und dünnem T-Shirt ist er leicht gekleidet. Er trägt nur einen kleinen schwarzen Rucksack mit spärlichem Gepäck. Von der linken Schulter hat er sich quer über den Oberkörper nach rechts eine weiße Tasche im Kleinformat einer Trommel umgehängt, die in schwarzen, fetten Druckbuchstaben mit dem Wort „Suntrack" beschriftet ist. Adrian ist stets links von mir auf gleicher Höhe und wendet sein Gesicht im Gespräch dauernd mir zu, sodass ich hin und wieder fürchte, er könne gleich stolpern und schließlich auf die Nase fallen. Er erläutert mir, dass die Aufschrift auf seiner Trommel, die soviel wie „Sonnenpfad" bedeutet, aber auch als „Hitzespur" missinterpretiert werden kann, für ihn programmatisch ist. Er beabsichtigt nämlich, in diesem Sommer den Camino von Pamplona bis nach Santiago de Compostela zu gehen; heute will er es bis zu dem noch rund zehn Kilometer entfernten Ort Belorado schaffen. Weiter klärt er uns redselig darüber auf, mit welcher Strategie er seine Pilgerstrecken bewältigen will: Morgens muss man früh aufbrechen – so wie wir etwa heute Morgen – und dann zügig bis zum Tagesziel gehen, möglichst ohne irgendwo zu verweilen. Das Tagesziel muss man bis zwölf Uhr erreicht haben, nicht nur, um der Hitze zu entgehen, sondern vielmehr, um vor der Masse der Pilger rechtzeitig in die Herberge zu gelangen und noch ein Bett zu bekommen. Denn im Vergleich zum Frühjahr begehren jetzt abends sehr viel mehr Pilger eine Herbergsunterkunft – etwa die zehn- bis zwanzigfache Zahl!

Uns wird klar, worin unser Irrtum gestern Nachmittag bestand, als wir naiv davon ausgingen, es seien in der Herberge von Santo Domingo de la Calzada noch Betten frei. Gleichzeitig wehren wir uns aber – vielleicht noch aus Unerfahrenheit – gegen den Gedanken, bereits um zwölf Uhr den Pilgertag zu beenden und schon Betten für die Nacht zu suchen. Die Überlegung stößt uns ab, unsere Pilgerreise könnte zu einem „rush and rest" verkommen. Als bloß sportlicher Wettbewerb würde sie uns keinen Spaß machen.

Die Landschaft wechselt ihr Aussehen. Baumgruppen unterbrechen die Feldformationen. Bis elf Uhr war es noch angenehm in der Sonne. Inzwischen ist es sehr heiß geworden. Der Asphalt der Landstraße schlägt die Hitze gegen unsere Gesichter. Die Füße werden durch die Wärme anfälliger für Blasen als im Frühjahr.

Wir sind froh, kurz vor zwölf Uhr die Herberge von Belorado zu erreichen. Sie liegt gleich am Eingang des Städtchens an einem Bachlauf und ist im Pfarrhaus neben der Kirche der Heiligen Maria zu Bethlehem eingerichtet. Sie wird von zwei

Damen bewirtschaftet, die Mitglieder einer Jakobusgesellschaft in der französischsprachigen Schweiz sind. Als sie bei unserer Einkehr mit zwei großen Karaffen Wasser auf uns zutreten, sehen wir sie zunächst kaum, da wir vom gleißenden Sonnenlicht in einen großen dunklen Raum kommen. Die dicken Mauern der Herberge spenden angenehme Kühle.

Während wir uns auf die wuchtigen Bänke niedersetzen, um das Wasser zu trinken, bieten uns die Damen an, in der Herberge zu übernachten. Es gibt noch Betten. Als wolle er nochmals die Richtigkeit seiner Strategie bestätigt haben, versucht Adrian uns zu überreden, mit ihm hier Quartier zu nehmen. Einen Augenblick sind wir unschlüssig. Meine Söhne sitzen abgeschlafft neben ihren Rucksäcken auf den Bänken. Sie sind durch die zurückgelegten dreiundzwanzig Kilometer und die Hitze sichtlich erschöpft, erholen sich durch die Rast aber wieder schnell. Mir geht es erstaunlich gut, und ich fühle mich recht kräftig. Die Entscheidung weiterzugehen wird schließlich von Markus beschleunigt.

Auf der Plaza Mayor von Belorado nehmen wir auf den Stühlen einer Bar im Schatten Platz und probieren von den vorzüglichen Portionen Schinken, Wurst und Käse, die uns der Wirt auftischt.

Glaubten wir, unbeteiligte Beobachter des Treibens auf dem Platz zu sein, so waren wir selbst schon Teil des Geschehens geworden, ohne dass wir es bemerkt hatten. Die Besitzerin des Zeitungsladens nebenan tritt, als sie gerade keine Kunden bedienen muss, zu uns an den Tisch und lässt uns wissen, dass sie uns an unseren Rucksäcken sofort als Jakobspilger erkannt habe. Mit gewissem Stolz erzählt sie weiter, dass zwei ihrer Söhne schon mehrmals längere Streckenabschnitte des Jakobswegs zu Fuß und mit dem Fahrrad zurückgelegt hätten; allerdings nicht im Juli oder August, dann sei es mörderisch heiß! Eine Überraschung sollte für uns am Ende des Gesprächs noch kommen: Die Zeitungsfrau hat uns für Katalanen gehalten!

Kurz vor dreizehn Uhr brechen wir wieder auf, es wird höllisch heiß. Den einzigen Schatten, der auf unseren Körper fällt, spendet nur noch die Krempe des Pilgerhuts. Die Korn- und Gemüsefelder entlang des Pfads sind abgeerntet. Die Erdkrusten liegen ausgetrocknet und aschfahl unter den Stoppeln und Gemüsestümpfen. Niedrige Hecken säumen die Felder, auf deren Blättern ein feiner Staubschleier liegt. Es geht kein Wind. Die Sonne brät die Luft trocken und heiß. Inzwischen dürften es gut fünfzig Grad sein. Unsere Hemden sind völlig durchgeschwitzt und kleben nass am Leib. Gerne würden wir sie ausziehen und mit nacktem Oberkörper gehen; aber das ist viel zu gefährlich, wir würden uns sofort einen schweren Sonnenbrand holen.

Wir sind glücklich, einen Brunnen zu erreichen, der im Schatten eines Hauses liegt. Wir stürzen zum Wasser und ziehen gierig große Mengen in uns hinein, bevor wir die Rucksäcke ablegen. Hastig schöpfen wir das Wasser mit beiden Händen und schütten es über Gesicht, Haare und Nacken. Ein alter Mann hat uns hinter der Gardine eines Fensters beobachtet. Er kommt in Pantoffeln und herunterhängenden Hosenträgern aus dem Haus, tritt mit langsamen und etwas unsicheren Schritten auf uns zu und rät uns, in dieser Hitze die Pilgertour nicht fortzusetzen, sondern für ein paar Stunden im Schatten zu verweilen und zu warten, bis die Temperaturen wieder erträglicher werden. Als ich seinen Rat mit dem Hinweis abtue, wir müssten uns jetzt wieder auf den Weg machen, weil wir heute noch bis Villafranca Montes de Oca kommen wollten, dreht er sich mit dem gelassenen Unverständnis eines weisen älteren Menschen um und schlurft zum Haus zurück. Dabei murmelt er vernehmlich vor sich hin, dass wir verrückt sein müssten, zu dieser Tageszeit zu pilgern!

Die Worte des alten Mannes verfehlen ihre Wirkung nicht; ich sollte die Lektion schnell begreifen. Sie erinnert mich in brutaler Direktheit an das Gespräch mit Adrian und den Damen von der Pilgerherberge in Belorado. Ich werde nachdenklich und unschlüssig. Zum Verdruss spüre ich, dass die Kondition nachlässt. Zurück nach Belorado wären es fünf Kilometer. Bis zur nächsten Herberge in Villafranca Montes de Oca sind es noch siebeneinhalb Kilometer. So gehen wir diese Wegstrecke entschlossen an.

Hin und wieder versuchen wir, für einige Minuten im Schatten von Bäumen auszuruhen, die es aber nur sehr vereinzelt und ganz selten am Wegesrand gibt. Manchmal legen wir uns für einen Moment mit Kopf und halbem Oberkörper in den spärlichen Schatten kleinwüchsiger Hecken, wobei die übrigen Körperteile der prallen Sonne ausgesetzt bleiben. Es ist schwierig, solche Schattenplätze zu finden, denn am Boden unter den Bäumen und entlang der Hecken werden wir von intensivem Uringestank belästigt.

Wenn wir uns niedersetzen, müssen wir allemal aufpassen, dass wir nicht in Fäkalien, Unrat, Abfälle oder weggeworfene Zigarettenstummel geraten. Wir erfahren das erste Mal, dass der Jakobsweg nicht nur eine Pilgerkette mit aufgereihten kulturellen Kostbarkeiten ist, sondern auch eine Trasse von Konsum und Verdauung. Sie ist in bestimmten Abschnitten mit bloßem Auge so gut erkennbar, dass man argwöhnen muss, man habe den rechten Weg schon verlassen, wenn die parallel verlaufenden Dreck- und Abfallspuren unterbrochen sind. Die Gewissheit stärkt uns, dass wir nicht die ersten sind, die sich unter solchen Bedingungen über den Camino de Santiago quälen.

Um halb vier haben wir es geschafft, wir betreten Villafranca Montes de Oca. Der Ortsname kündet davon, dass die Franken diesen Flecken in den Bergen neu besiedelten, der bereits seit dem sechsten Jahrhundert als Bischofssitz bekannt war, bevor er im elften Jahrhundert von dem kastilischen König Alphons VI. nach Burgos verlegt wurde. Von seiner Bedeutung zeugen die Überreste des ehemaligen Königlichen Pilgerhospizes aus dem vierzehnten Jahrhundert.

Die Herberge ist geschlossen. Auf der Wiese davor hat die Regierung der Provinz Kastilien und León ein Zeltlager angelegt. Freundliche junge Leute begrüßen uns bei der Ankunft. Sie helfen ehrenamtlich bei der Verwaltung und haben ihr Büro in einem Container. Sie weisen uns ein Zelt am Hang zu. Die Provinzregierung führt heute die alte Tradition der Pilgerbetreuung durch die Katholischen Könige wie selbstverständlich fort.

Auf der beinahe achthundert Kilometer langen Strecke des Jakobswegs von Roncesvalles bis nach Santiago de Compostela gibt es nach offiziellen Angaben der Vereinigungen der Freunde des Jakobswegs (Asociaciones de Amigos del Camino de Santiago) zweiundsiebzig Herbergen, die bis auf einige Ausnahmen das ganze Jahr geöffnet sind. Davon werden neunzehn von der Kirche und einundfünfzig von den staatlichen Gemeinden bereitgestellt. Nur zwei Herbergen, die in Cizur Menor und die im noch fernen, fast an der Grenze zur Provinz Galicien gelegenen Villafranca del Bierzo, werden von Privatfamilien unterhalten. Diese Übernachtungskapazitäten reichen in den Sommermonaten nicht aus, den Ansturm der Pilger zu bewältigen. Daher richtet die Provinz Kastilien und León an landschaftlich reizvollen Stellen im Sommer weitere Zeltlager mit reichlichem Angebot an Schlafstellen ein. Sie bestehen aus fünfzehn bis zwanzig geräumigen Zelten, die für die Unterbringung von acht bis zehn Personen ausgelegt sind. Dicke Schaumstoffmatratzen bedecken den Boden der Zelte, auf denen man mitunter sehr viel komfortabler schläft als in manchen Herbergsbetten.

Von Villafranca Montes de Oca nach Burgos

Gegen sechs Uhr wachen wir auf und recken die Köpfe durch die Planen des Zeltes: Nieselregen fällt sanft nieder. Über Nacht sind Wolken aufgezogen und haben den Himmel mit einem grauen Schleier verhängt. Die Feuchtigkeit dampft vom warmen Boden hoch. Durch die aufsteigenden Nebelfelder kann ich die alte Herberge nur schattenhaft erkennen. Von den Fahrrädern tropft das Regenwasser auf die Wiese. In den Zelten um uns herum schlafen noch alle. Nach der zermürbenden Hitze gestern beflügelt der feine Nieselregen unsere Lust weiterzupilgern. Er wird die Haut mit hauchdünnem Wasserfilm besprühen, sie mit angenehmer Frische beleben. An die höllischen Temperaturen gestern erinnern wir uns noch zu gut.

Der Weg oberhalb der Herberge führt uns in steilem Anstieg durch Laub- und Nadelwald zu den Bergen des Oca hinauf. Der Nieselregen ist so schwach, dass wir keinen Regenschutz brauchen. Nebelwände hängen im Laubwald, sie verwehren eine weite Sicht. So nehmen wir den Aufstieg kaum wahr und halten ihn auch nicht für anstrengend.

Die Baumstämme sind von tiefschrundigen Borken ummantelt, auf denen sich Moospolster ausbreiten. Ast- und Laubwerk sind nicht üppig und erweisen sich als löchrige Bedachung. In den Baumkronen rauscht leise der Wind. Auf dem nassen Waldboden liegen abgefallene und vertrocknete Äste wie große graugrün gescheckte Würmer, die auf dem braunen Teppich vermodernder Blätter ausruhen.

Nur zufällig entdecken wir die etwa fünf Meter unterhalb des Wegs gelegene kleine Mojapan-Quelle, die von schwarzen Steinen eingefasst ist und sich kaum gegen den Waldboden abhebt. Ihr Wasser ist kühl und schmeckt köstlich. Wir atmen die feuchte und modrig riechende Waldluft tief ein.

Am Pedraja-Pass nähert sich der Waldweg der National-straße nach Burgos. Fahrgeräusche der Autos steigen von der Straße durch das Dickicht herauf. Wenn ihre Reifen auf dem nassen Asphalt lechzend abrollen, vernimmt man, woher sie kommen und wohin sie fahren. Schemenhaft sehen wir sie durch die Wolkenschwaden fahren. Dann ist es wieder ganz still.

Der Höhenzug geht in eine hügelige, dann flachere Heide-landschaft über, die unübersichtlich und rau ist. Durch sie zieht sich einer der landschaftlich reizvollsten Teilabschnitte des Jakobswegs von etwa zehn Kilometern vorbei am Sanktuarium San Juan de Ortega bis zum Dorf Agés. Große Flächen von Ginsterbüschen und blühender Erika sind von niedrigem Nadelgehölz durchsetzt. Rotbrauner Sand bedeckt die auf und ab verlaufenden breiten Wege. Sie sind so stark aufgewühlt, als wären sie von Panzerketten durchpflügt wor-den. Tiefhängende Nebelbänke überziehen die herbe Schön-heit der Landschaft mit kulissenhafter Unwirklichkeit, die ein-same Pilger durchaus beängstigen kann. Geschichtliche Über-lieferungen aus dem Mittelalter berichten von wilden Tieren und Raubmördern, die hier über Pilger hergefallen sind.

Das Kloster San Juan de Ortega trägt den Namen des Heili-gen, der in diesem unwirtlichen Gebiet im zwölften Jahrhun-dert das erste Hospiz errichtete und eine Mönchsgemeinschaft gründete. Ein großer Teil des schwierigen Wegs durch die Höhenlagen und die Heidelandschaft wurde von ihm angelegt. Er baute zusammen mit Santo Domingo de la Calzada, dessen tatkräftigster Helfer er war, Brücken, Kirchen und Hospitäler, die heute noch in Gebrauch sind. Von seiner Pilgerreise nach Jerusalem, von der er, weil er an der Küste Süditaliens in große Seenot geriet, nur mit viel Glück wieder zurückkehrte, wusste er, wie Pilger betreut werden müssen. Der Heilige ist in der Krypta der eindrucksvollen Klosterkirche beigesetzt.

Über der Grabstätte ist ein großartiges Mausoleum errichtet. Hans von Köln, der auch die Türme der Kathedrale von Burgos erbaute, schuf es zusammen mit dem berühmten spanischen Steinhauer Gil de Siloé.

Der Heideweg führt an Steineichen und Pinien vorbei allmählich hinab zum Ort Agés und dann auf der Landstraße weiter zu dem fast drei Kilometer entfernten Dorf Atapuerca. Von dort geht es zu einem Bergrücken hinauf, von dem wir bis zum vierzehn Kilometer entfernten Burgos schauen können. Das Etappenziel schon mit den Augen zu fassen, beschleunigt die Schritte hinab durch die abgeernteten Kornfelder, in denen sich der Weg häufig verliert. Wir fühlen uns wohl und sind sehr zufrieden.

Vielleicht war dieses Hochgefühl Grund für die Unaufmerksamkeit: Wir haben den Weg verloren. Stattdessen streben wir auf einen Flecken vor der Sierra de Atapuerca zu. Der kleine, ruinöse Kirchturm und die vom Verfall bedrohten Häuser bieten einen traurigen, ja trostlosen Anblick. Die eingefallenen Dächer sind notdürftig mit Wellblech abgedeckt, das durch Verwitterung stark deformiert ist. Die modernsten Gerätschaften sind die alten und verbeulten Pkws in den überwucherten Grundstückseinfahrten. Das Ende der Welt (Finisterre) liegt nicht nur an der zerklüfteten Küste des Atlantiks. Man kann es mitten in Spanien antreffen, wo Straßen an Gebirgsrändern enden.

Am Ortseingang von Cardeñuela liegen die eindrucksvollen Überreste einer römischen Wasserleitung, die die Legionärsstadt Burdegala, das heutige Burgos, mit Wasser versorgte. Auf den Stufen sitzen zwei Männer und rasten neben ihren Rucksäcken. Sie müssen sich schon seit längerer Zeit hier ausruhen, denn wir sahen sie bereits vor zwei Stunden von Atapuerca in die Sierra hinaufsteigen. Es sind Vater und Sohn, sie stammen aus Ávila. Der Vater ist Ende vierzig und im mittleren Management eines großen spanischen Chemie-unternehmens tätig. Er gehört zu der Generation von Wirt-schaftspraktikern, die sich erst in der Nach-Franco-Ära all-mählich entwickelt hat und die Prosperität der Wirtschaft im demokratischen Spanien entscheidend gestaltet. Der Mann versteht sein Wissen mit Bescheidenheit zur Geltung zu bringen, als wir uns über die politische und kirchliche Lage seines Landes unterhalten. Neben der beruflichen Pflichter-füllung engagiert er sich stark für katholisch-soziale Aufga-ben. Der Sohn studiert Betriebswirtschaft in Madrid und will eine ähnliche Karriere wie der Vater einschlagen. Er pflegt dieselbe freundliche Art, mit uns zu sprechen. Beide machen einen überzeugenden und ausgeglichenen Eindruck, da sie mit Bedacht ihre Worte wählen. Die Harmonie zwischen Vater und Sohn ist faszinierend. Bei der engen Verzahnung von gesellschaftlicher Pflicht und religiöser Orientierung, die beide an den Tag legen, drängt sich mir die Vermutung auf, sie könnten Mitglieder von Opus Dei sein, jener spanischen Gründung einer Laienbewegung, die das tägliche Leben mit katholischer Confessio zu durchwirken sucht.

Vater und Sohn nehmen sich in ihren Sommerferien die Zeit, in Muße von Roncesvalles bis nach Santiago de Com-postela durchzugehen. Es ist nicht das erste Mal, dass sie diese Strecke pilgern. Sie sind jetzt schon das dritte Mal über diese Distanz unterwegs. Meinen Einwand, dass ich gar nicht wüsste, wie ich vier bis fünf Wochen aufbringen sollte, den Camino von den Pyrenäen bis zum Apostelgrab durchzupil-gern, geschweige denn, ihn auch noch drei Mal abzuwandern, kontert der Vater gelassen mit der bohrenden Frage, ob ich denn leben würde, um zu arbeiten, oder ob es nicht umgekehrt sinnvoll sei. Ich lasse die Frage kopfnickend offen, antworte nicht. In mir steigen aber Zweifel auf, ob es richtig ist, den Wunsch meiner Kinder, ihnen mehr Zeit zu widmen, mit dem Hinweis auf meine berufliche Pflicht abzuweisen. Wo mag das rechte Maß des Pflichtverständnisses denn wohl liegen? Ich werde die Frage des Mannes nicht mehr los – auch nicht, indem ich mir einrede, seine Haltung könne fehlenden beruflichen Entwicklungsperspektiven entspringen. Ich freute mich noch nie so sehr wie jetzt, dass wir uns entschieden, in der Familie den Jakobsweg zu pilgern. Der Vater hat den größten Teil meiner Gedanken längst erraten! Er hat unsere Motive für die Pilgerreise schon durchschaut.

Vater und Sohn verabschieden sich. In der Herberge von Burgos werden wir uns wohl wiedertreffen. Wir ruhen noch etwas auf den Stufen aus. Als wir unseren Weg fortsetzen, ist es fünfzehn Uhr. Am Himmel sind keine Wolken mehr zu sehen, der Wind hat sich gelegt. Durch die bleiern stehende Luft scheint diffus die Sonne, es wird wieder sehr heiß.

Auf dem Schuttgelände, über das wir uns dem Industriegebiet von Burgos nähern, mäandern die Pfade zwischen kleinen Erdbuckeln und Müllhaufen daher. Der schüttere Gräserbewuchs ist vertrocknet, verdreckt und von der Sonne abgesengt. Unsere Schritte stieben den feinen Staub unter der dünnen Splitdecke auf, der in Mund und Nase eindringt und sich auf den Schleimhäuten breit macht. Wir versuchen, diesem Gelände recht bald wieder zu entkommen, indem wir uns zur Nationalstraße 120 durchschlagen.

Der Weg nach Burgos scheint nicht kürzer zu werden, obwohl es nur noch fünf Kilometer bis zur Stadtgrenze sind. Die Nationalstraße wird lückenlos von Fabriken der Klein- und Mittelindustrie gesäumt. Die Stätten, in denen sonst geschäftig am wirtschaftlichen Wohlstand Spaniens gearbeitet wird, liegen verlassen in greller Sonne: Es ist Samstagnachmittag. Alle Fabriktore, Geschäftsräume und Hofzufahrten sind verschlossen. Die Gegend ist menschenleer. Die Siesta hat den Straßenverkehr zur Ruhe gebracht. Jetzt will offensichtlich niemand mehr mit dem Auto unterwegs sein. Das

Asphaltband ist tiefschwarz, über ihm flirrt die Luft. Uns klebt die Zunge im Mund – nein, eigentlich hängt sie uns aus dem Hals. Die Wasserflaschen hatten wir auf dem Schuttgelände leer getrunken. Einen Wasserkran, um sie wieder aufzufüllen oder uns zu erfrischen, finden wir nicht. Am Stadteingang von Burgos fallen wir über die ersten Automaten mit Erfrischungsgetränken her, als hätten wir schon Tage nichts mehr zu trinken bekommen.

Am Fluss Arlanzón entlang gehen wir ins Zentrum der Stadt. Die Bürgersteige der Uferstraße, die wir an den Brücken runter und wieder rauf steigen müssen, sind schmal und hoch. Wir kommen völlig aus unserem Gehrhythmus. Mich erfasst Unruhe, und ich erschrecke darüber, dass ich hinter dem Brustbein öfter ein kurzes Zucken verspüre. Plötzlich konzentriere ich mich nur noch auf mich. Ich beschließe, die Pilgerreise abzubrechen, wenn die Symptome anhalten oder wiederkehren sollten. Vielleicht waren die Strapazen gestern und heute doch anstrengender, als ich es wahrhaben wollte. Die Worte des Vaters, den wir vorhin mit seinem Sohn trafen, schießen mir durch den Kopf. Andererseits finde ich es wieder beruhigend, dass sich meine Überlegungen nicht zu innerer Panik ausweiten. Vielmehr rechne ich während des Gehens kühl und ruhig nach, dass ich heute bereits sechs Flaschen Cola getrunken habe. So beschwichtige ich mich damit, mein übermäßiger Konsum von Koffein sei der Grund für die nervösen Störungen.

Durch das Marientor, das im sechzehnten Jahrhundert von Franz von Köln gebaut wurde, betreten wir den großen, fast quadratischen Platz vor der Kathedrale. Die herrliche Bischofskirche ist ein einzigartig schönes Bauwerk der Gotik. Sie ist voll von Besuchern. In rascher Folge finden hier Trauungen statt. Hochzeitsgäste, festlich gekleidet und mit großen Blumensträußen, warten auf den Beginn der Zeremonie und verstopfen Eingangsportale und Durchgänge. Wir nehmen das Angebot eines Küsters gerne an, unsere Rucksäcke für die Zeit des Rundgangs in der Sakristei zu deponieren und unbeschwert umherzugehen.

Ein gekreuzigter Christus, groß wie ein Mensch, hinterlässt den nachhaltigsten Eindruck. Die Haut des eingefallenen Oberkörpers und der zerschundenen Gliedmaßen ist realistisch nachgebildet. Vom Kopf, der im Tode gesenkt ist, fallen unter der Dornenkrone die Haarsträhnen vor das vom Leid gezeichnete Gesicht.

Oktagonale Laternenöffnungen in den behelmten Türmen ziehen die Blicke nach oben. Es waren die berühmten Steinmetze aus Köln, die hier im Auftrag von Königen und kirchlichen Potentaten wirkten. Die charakteristischen Bauelemente der Gotik erinnern an den Kölner Dom. Globalisierung von Expertenkönnen fand offensichtlich schon zur Zeit des Mittelalters im Sakralbauhandwerk statt.

Achtunddreißig Kilometer sind wir bis jetzt gegangen und haben mehrere Kirchen besichtigt. Wir sind müde und nicht begeistert, noch drei Kilometer bis zur Herberge am Stadtausgang von Burgos gehen zu müssen.

Von Burgos nach Castrojeriz

Auf einer Allee verlassen wir Burgos und pilgern auf das achtunddreißig Kilometer entfernte Castrojeriz zu. Die Bäume spenden angenehmen Schatten. Wir ahnen nicht, dass wir heute den heißesten Tag unserer Pilgerreise erleben werden. Die Sonne wirft schon am frühen Morgen ihr aschweißes Licht auf die Gärten. Die Blätter der Obstbüsche und Gemüsestauden glitzern mattsilbern. Die oberen Talränder des Arlanzón liegen noch im Schatten. Dunkle Erdflecken und hellgrüne Büsche an den Hängen täuschen eine trügerische Morgenfrische vor.

Eine Großfamilie aus Hessen, die sieben Personen aus drei Generationen umfasst, nutzt die Sommerferien, um einen großen Abschnitt des Jakobswegs zu pilgern. Sie starteten in Burgos und möchten bis nach Santiago de Compostela gehen. Sie wären aber auch zufrieden, wenn sie die Pilgerwanderung irgendwo zwischen León und Santiago beendeten. Wir treffen bei dieser Familie das erste Mal auf die Einstellung, dass nicht das Apostelgrab, sondern der Jakobsweg selbst das Ziel der Pilgerreise sein kann.

Etwas später wird in der Bar von Tardajos augenfällig, dass die Großfamilie in einer sehr viel ruhigeren Einstellung unterwegs ist als wir. Während wir Erfrischungsgetränke und Gebäck bestellt und fast schon verzehrt haben, lässt sich die Familie gemütlich an drei Tischen nieder und wählt in Ruhe Kaffee, Kakao, Madalenas und Palmeras (Minitörtchen und Schweineöhrchen mit Schokoladenguss) aus. So wird sie täglich kaum mehr als zwanzig Kilometer schaffen und für ihren Spaziergang bis nach Santiago de Compostela, das noch fünfhundert Kilometer entfernt liegt, vier Wochen brauchen.

Noch in der Frühe konnten wir am Königshospiz in Burgos die doppelflügelige Pilgertür betrachten. In Holz geschnitzte Szenen stellen dar, wie drei Generationen einer Familie nach Santiago de Compostela pilgern. Wir ahnten nicht, dass wir bald selbst Zeugen eines solchen Geschehens sein würden. Es ist idyllischer, als es die geschnitzten Bilder zeigen können. Es scheint aber auch um einiges mühsamer zu sein, als es die Eindrücke von den Portalflügeln erahnen lassen.

Die neun Kilometer von Rabé de las Calzadas nach Hornillos del Camino sind öde und langweilig. Der Weg führt fast gerade durch abgeerntete Getreidefelder, die sich bis in die Weite erstrecken und am Horizont in sanften Wellenlinien verlieren. Der rentablere Einsatz von landwirtschaftlichem Großgerät hat bei der Flurbereinigung großflächige Felder entstehen lassen und die Landschaft der reizvollen Abwechslung kleiner Ackerflecken beraubt. Raine, Büsche und Bäume, an denen man sich zeitweilig niederlassen könnte, gibt es nicht. Schattige Stellen zum Schutz gegen Sonne und Hitze suchen wir vergeblich. Hellbraun liegen die riesigen nackten Böden danieder, ausgetrocknet von Wind und Sonne. An manchen Stellen sind sie weiß, als wenn die Sonne sie ausgelaugt und angezündet habe. Jeder von uns ist mit seinen Gedanken beschäftigt, und wir wandern still und in gleichförmigem Schritt nebeneinander her. Es ist heiß, und die Umgebung ist menschenleer.

Wir sind überrascht, hinter uns Stimmen zu hören, können die Personen aber nicht ausmachen. Frauen lachen hell, und von einer kräftigen Männerstimme dringen bruchstückhafte Gesprächsfetzen zu uns. Es scheinen Wanderer zu sein, die trotz der Hitze bei guter Laune sind.

Bald löst sich das Rätsel von selbst. Ein großer, kräftiger Mann keucht heran und schließt mit schnellen, über den Feldweg scharrenden Schritten von hinten zu uns auf. Seine helle Haut ist von Sommersprossen übersät. Der Schweiß läuft ihm von den schütteren Haaren in kleinen Rinnsalen durchs Gesicht und über die Halspartien auf Brust und Oberarme. Eine Aura säuerlichen Geruchs umhüllt ihn. Aus dem Mund treten mächtige Zähne hervor, die wie Palisaden wirken.

Er stellt sich als Henri aus Namur vor und ist dreiundsechzig Jahre alt. Schon seit über zehn Jahren gehe er regelmäßig den Jakobsweg, und das habe, wie er erzählt, seine besondere Bewandtnis. Es sei kein religiöses Motiv und auch nicht besonderer sportlicher Ehrgeiz oder kulturelles Interesse, was ihn immer wieder auf den Jakobsweg treibe. Vielmehr veranlasse das seine Frau: Sie dränge ihn jedes Jahr Ende Mai, Anfang Juni aus dem Haus, um in Ruhe Großhausputz und Malerarbeiten vornehmen zu können. Dann störe seine Anwesenheit nur; seine Frau sei in dieser Zeit ohnehin kaum genießbar, beteuert er mit um Glaubwürdigkeit bemühter Gestik. Er fühle sich wohler, ihr nicht auf den Füßen zu stehen. Dann gehe er den Jakobsweg, das habe er sich so angewöhnt. Wenn er dann nach dreieinhalb Monaten wieder nach Hause komme, sei alles schön sauber, der Garten gepflegt, das Obst eingemacht, und seine Frau freue sich, dass er wieder da sei. Ob wir ihm seine Geschichte wirklich abnehmen sollen, wissen wir nicht. Es ist die bizarrste Begründung, den Jakobsweg zu gehen, die wir auf unserer Pilgerreise je gehört haben. Vielleicht hat er vorhin den Frauen dieselbe Geschichte aufgetischt, als deren Lachen herüberschallte.

Er präsentiert eine weitere Geschichte. Angeblich marschiert er auf seiner jährlichen Wanderung von Namur nach Santiago de Compostela und zurück täglich sechzig Kilometer. Tatsächlich hatte er uns ja auch schnell eingeholt und während seiner Erzählungen, die für uns sehr kurzweilig waren und sogar zeitweise die Sonnenhitze vergessen ließen, erstaunlich gut im Schritttempo mitgehalten. Als wir aber nach einer Stunde endlich die Herberge von Hornillos del Camino erreichen – den Ortsnamen könnte man etwas frei, aber passend als Fegefeuer des Jakobswegs übersetzen –, entscheidet sich Henri überraschend, dort schon mittags Quartier zu nehmen. Während wir in der Herberge Unmengen an Wasser in uns hineinschütten, macht er einen schlappen Eindruck. Er fühlt sich matt und erschöpft. Unmöglich kann er schon zehn bis zwölf Stunden gewandert sein, und wenn er in der Herberge bleibt, wird er heute seine sechzig Kilometer nicht bewältigen. Wir haben ihn an den weiteren Pilgertagen nicht mehr gesehen und auch nichts mehr von ihm gehört. Er

Auf dem Weg nach Hontanas

ist hinter uns zurück geblieben. Das Ziel, möglichst lange Tagesetappen auf dem Jakobsweg zu schaffen, muss auch nicht vernünftig sein. Die Bewunderung jedoch, die Henri damit zu erheischen suchte, zerstob schnell, als sie der Realität nicht mehr standhielt.

Der Weg nach Hontanas ist bestimmt der schlimmste Teilabschnitt des Jakobswegs. Er führt wieder auf die karge Hochfläche. In brütender Hitze steigern sich die Eindrücke ins Extrem! Die Meseta nimmt steppenartige Züge an, die großen Feldverbünde gehen in ausgedörrte Weideflächen über, deren Böden armselig und steinig sind. Der Flurbereinigungsweg, der hier den Camino bildet, verläuft schnurgerade: keine Bäume, keine Sträucher. Selbst die Dörfer scheinen dieses eintönige und raue Gebiet zu meiden. Man kann sie nicht sehen, da sie sich in Landschaftsmulden eingegraben haben, als wollten sie sich im Sommer vor der Hitze ducken und im Winter Sturm und Eiseskälte entgehen.

Von der Stelle, an der unser Weg die Straße nach Villadiego kreuzt, sind es laut Pilgerführer nur noch zwei Kilometer bis nach Hontanas. Es ist inzwischen drei Uhr nachmittags, wir sind müde, unsere Hemden sind völlig durchgeschwitzt, und die Hoffnung, das Dorf schon sehen zu können, erfüllt sich nicht. Beinahe wollen wir nicht mehr glauben, dass die Entfernungsangaben stimmen. Wir argwöhnen, das Ziel liege in Wirklichkeit noch weiter entfernt, und das schlägt uns stark auf die Stimmung. Statt motivierender Auflehnung droht sich lustlose Apathie breit zu machen. Wir sind unsicher, ob die Entscheidung richtig war, von Hornillos del Camino aus weiterzugehen. Rund um uns herum erblicken wir nur abgegraste Weideflächen, die von Mauern aus lose aufgeschichteten Steinen umsäumt sind. Steine scheint es hier genug zu geben! Schließlich gehen wir in die bezeichnete Richtung weiter in dem Vertrauen, dass die Lage nur besser werden kann. Die Überraschung ist unbeschreiblich – man muss es wirklich erlebt haben –, wenn man dreißig Meter von Hontanas entfernt erst vom Rand des Abbruchs der Hochfläche aus den Ort sieht, der sich unter dem Plateau versteckt. Wir gehen in zwei Kehren zum Dorf hinunter. Gleich rechts in der Gasse liegt die Herberge.

Am Eingang preisen zwei bunt beschriftete Tafeln belegte Brote, Menüs und Getränke an. Wir treten in den dunklen Gastraum und sind froh, endlich die Hitze abschütteln. Der Wirt und sein Helfer begrüßen uns freundlich und bieten uns ein Glas süßen Rotweins an, der kühl ist, tiefrot funkelt und teuflisch gut schmeckt. Meine Söhne lehnen ab, da sie nicht-alkoholische Erfrischungsgetränke haben möchten. Ich dagegen trinke den Wein in wenigen Zügen. Der Wirt beobachtet das listig, und als mein Glas leer ist, will er sofort nachschenken. Doch instinktiv lehne ich ab, da ich Sorge um die Wirkung des Weins habe. Den Wirt beeindruckt diese Ablehnung nicht. Er führt uns gerade wie zum Beweis, dass der Wein harmlos ist, ein originelles Trinkkunststück vor. Er fasst die Glaskaraffe am Griffstumpf, legt den Kopf schräg in den Nacken, schiebt die Unterlippe weit vor und bringt die Karaffe in halbrechte Position über sein Gesicht. Dann formt er Stirn, Nasenwurzel und Wangen zu einer gnomhaften Fratze, rollt seine schwarzen Augen nach innen und lässt aus dem spitz zulaufenden Ausguss der Karaffe den Wein in dünnem Strahl auf die Stirn platschen. Durch den Kanal, den Stirnfalte, Nasenrücken und Wangenmuskel bilden, rinnt der Wein – ohne dass auch nur ein Tropfen daneben geht – auf die Unterlippe und von dort in den breit aufgespannten Mund. Auf sein spontanes Angebot, nach diesem Werbegag doch noch mehr vom Wein zu kosten, lasse ich mich dennoch nicht ein. Uns befällt das Gefühl, dass es gerade das Ziel des Wirts ist, uns mit Gaukelei und Betörung für die Nacht in seiner Herberge zu halten. Er ist außergewöhnlich geschäftstüchtig und lässt keine Gelegenheit aus, sich den Anschein zu geben, dass er der Verwalter der örtlichen Herberge ist und wir hier genau am richtigen Platz sind.

Wir sind zunächst die einzigen Gäste in der Herberge. Nach einer Weile kehrt noch ein französischer Pilger ein, der durch seine ungewöhnliche Kleidung auffällt. Er trägt braune Wanderschuhe, einen breitkrempigen braunen Filzhut, einen braunen Rucksack und ein weißes nachthemdähnliches Pilgergewand, das ihm bis zur Mitte der Unterschenkel reicht. Wortlos setzt er sich hin, trinkt etwas und legt sich dann auf ein Bett im hinteren Teil des Gastraumes nieder. Er wird hier die Nacht verbringen. Da wir ihn bisher nicht kennen gelernt haben und er sich uns nicht vorgestellt hat, nennen wir ihn einfach „den Franzosen"; wir werden ihn später noch öfter treffen.

Bevor wir aufbrechen, bitten wir den Herbergsverwalter noch um den Stempel im Pilgerpass. Aus der Aufschrift am Rand des Stempels erfahren wir, dass wir gerade in der Wirtschaft von Victorino Diez gespeist haben. Die offizielle Herberge von Hontanas liegt in derselben Gasse hundert Meter weiter unten gegenüber der Pfarrkirche. Sie ist von der Ausstattung her viel schöner und heller. Aber dort hätten wir Victorino Diez nicht kennen gelernt, und es wäre uns eine Type, eben ein Original des Jakobswegs entgangen. Gewisse Züge eines sympathischen kleinen Gauners, den die Spanier liebevoll „Granuja" nennen, haften ihm an. In englischen Pilgerführern wird sogar vor Victorino Diez gewarnt, da er sich Frauen aufdringlich nähere.

Als wir um achtzehn Uhr wieder auf die Gasse hinaustreten, schlägt uns die Hitze wie aus einem Backofen entgegen. Die Sonne steht zwar jetzt tiefer und brennt nicht mehr so heiß, doch die Häuser und Straßen haben die Wärme gespeichert und strahlen sie intensiv ab. Während wir die Gasse zur Landstraße nach Castrojeriz hinabgehen, steigt die Hitze stechend gegen unsere Gesichter auf und legt sich von den Häuserwänden lastend auf die nackten Arme.

Die Herberge von Castrojeriz ist in einem alten, schmalen Gebäude im höher gelegenen Teil des Ortes untergebracht. Sie hat viele auf verschiedene Etagen verteilte Schlafräume, die hell gestrichen und sehr sauber sind. Überhaupt macht die Herberge einen überaus gepflegten und gut geführten Eindruck. Die jungen Leute, die die Herberge verwalten, sind außerordentlich rührig. Rasch bekommen wir unsere Betten zugewiesen, und ebenso schnell sind wir für kleinere Arbeiten wie Brot schneiden und Geschirr spülen eingeteilt.

Im Hochbett über mir ist Benedikt aus Darmstadt einquartiert. Vor einem halben Jahr war er als Novize in den Benediktinerorden eingetreten. Im Augenblick ist er in einer Phase, seinen Entschluss, Mönch zu werden, noch einmal zu überdenken, und dazu will er sich, nach Anraten seiner Oberen, drei Monate auf dem Jakobsweg aufhalten. Er erhofft sich davon die endgültige Klarheit, welchen Weg sein Leben nehmen soll. Dass er sich auf eine kontemplative Zeit der Besinnung eingerichtet hat, gibt sein Gepäck zu erkennen. Neben Rucksack und zwei Sporttaschen schleppt er auch eine Gitarre mit. Selbst für den Fall, dass er einmal kein Quartier mehr bekommen sollte, hat er vorgesorgt: Er führt einen dicken, gefütterten Schlafsack mit, um notfalls im Freien übernachten zu können.

Eine Jugendgruppe aus Barcelona, ebenfalls in der Herberge untergebracht, singt auf der Gasse spanische Lieder. Das planlose Herumlaufen der Jungen und Mädchen hatte schnell ein Ende, als die Leiter mit der Gitarre die Lieder anstimmten. Alle Herbergsgäste scharen sich in der warmen und sternklaren Nacht um die Gruppe und nehmen an der fröhlichen Stimmung teil. Bewohner des Ortes gesellen sich hinzu und singen, summen oder klatschen im Rhythmus mit. Zwischen Einheimischen und Fremden gibt es keine Grenzen! Wir aus Deutschland sind den Kastiliern so nah wie die Katalanen, deren Gesang sie lauschen und von dem sie sich mitreißen lassen.

Von Castrojeriz nach Frómista

Unser Abmarsch verzögert sich, da uns eine Herbergsverwalterin die Bedeutung der Worte „Ultreya!" und „Ánimo!" erklärt. „Ultreya!" soll mittelalterliches Latein sein und aus dem Liber Sancti Iacobi, also aus dem Buch des Heiligen Jakobus stammen; gemeint ist der Codex Calixtinus aus dem zwölften Jahrhundert. Es setzt sich aus den beiden Worten „ultre" und „eia" zusammen. „Ultre" bedeute „más allá", also soviel wie jenseits oder weiter voraus, und „eia" heiße „ánimo" bzw. „sigue", also beherzt zu sein, weiterzugehen, nachzufolgen. Sinngemäß kombiniert würde man „Ultreya!" im Spanischen mit „continua", „adelante" umschreiben, was der Aufforderung gleichkomme, in der Pilgerreise fortzufahren, weiter zu gehen. Mit dieser Aufmunterung wollen wir nach Frómista aufbrechen, die nächsten vierundzwanzig Kilometer wandern.

Kurz vor dem Übergang über den Río Pisuerga, in der Nähe der Ortschaft Itero del Castillo, ist links des Wegs das Hauptschiff der Kirche erhalten, die zur Einsiedelei San Nicolás und zu dem gleichnamigen Hospiz aus dem zwölften Jahrhundert gehörte, wovon ansonsten nur noch Ruinen übrig sind. Von einem jungen Mann werden wir angehalten, der gerade aus der Kirche tritt und uns zu einer kurzen Rast hineinbittet. Er ist eigentümlich, aber festlich gekleidet. Sein Anzug sieht wie ein Rittergewand aus. Er trägt spitze Halbschuhe, Kniestrümpfe, Kniebundhose, einen Rock mit senkrecht aufspringenden Falten und aufgepolsterten Schultern sowie einen breitkrempigen Hut, der, an einer Kordel befestigt, über die linke Schulter geworfen ist und auf seinem Rücken hängt. Der Rock ist mit einer Leibschnur gegürtet. Alle Kleidungsstücke sind schwarz, nur die aufspringenden Rockfalten sind rot.

Der junge Mann erläutert uns, dass die Bruderschaft und Hospizgemeinschaft des Heiligen Jakobs aus Perugia diese alte Kirche wieder als Herberge hergerichtet hat. Er ist Italiener. Er studiert Theologie in Bologna, ist Mitglied der Brudergemeinschaft in Perugia und verwaltet für diese in den Semesterferien die Herberge. Er betrachtet die Zeit hier als eine Art Praktikum, das ihn gut auf die dienende Aufgabe als Priester vorbereitet. An die Ausstattung der Herberge hat er selbst mit Hand angelegt. Chorraum und Wände sind mit Fahnen und Wandbehängen geschmückt. Der Boden der Kirche ist mit Teppichen und Filzbelägen ausgeschlagen, auf denen die Nachtlager für die Pilger bereitgestellt sind. Bei der Fürsorge des jungen Italieners und der Begeisterung für seine Tätigkeit wird es den Pilgern, die hier übernachten, an nichts fehlen.

Nachdem wir die mächtige, von elf Bögen getragene Brücke über den Río Pisuerga überschritten haben, kommen wir in ein Gebiet mit äußerst fruchtbaren Böden. Auf den nächsten neun Kilometern bis Boadilla del Camino durchziehen der Fluss Pisuerga, der Pisuergakanal, der Bach Berro und der Kastilische Kanal die Landschaft und sorgen für ungewöhnlich gute Anbaubedingungen. Neben Getreide wird Grünfutter, Gemüse und Obst intensiv kultiviert. Sogar Wein wächst auf den Feldern. Die Blätter der Gemüsepflanzen und Obstbäume leuchten tiefgrün. Die Krumen der Äcker sind von Unkraut gesäubert, sie glänzen nach der Bewässerung dunkelbraun. Es ist eine paradiesische Gegend, in der Wasser und Wein fließen und die schon Pilger des frühen Mittelalters in ihren Reiseberichten als ein Stück Erde priesen, das mit Brot, Fleisch, Fisch, Milch und Honig reich gesegnet ist.

Gerichtspfeiler in Boadilla del Camino

Uns packt die Lust, am Pisuergakanal zu verweilen und auszuruhen, auch wenn es am Kanalrand keinen Schatten gibt.
Wir legen die Rucksäcke im Gras ab, ziehen Schuhe und
Strümpfe aus und hängen die Beine ins Wasser. Es ist ganz
klar. Wir können bis auf den Grund des Kanals schauen. Die
Wassertemperatur ist so kühl, dass ich die Beine ab und zu
aus dem Wasser nehmen muss, weil ich die Kälte nicht er-
trage. Es ist ganz still. Jeder von uns hängt seinen eigenen
Gedanken nach. Ich träume den Teilchen hinterher, die auf
der Wasseroberfläche vorbeischwimmen, genieße diesen Augenblick im Paradies!

In Boadilla del Camino laufen wir geradewegs auf einen
großen Pfeiler aus Stein zu. Sein Wulst oben ist mit Tierköp-
fen, Pflanzen und durchbrochenem Blattwerk reich verziert.
Er trägt eine fünfstöckige Spitze und wird auf den Kannelie-
rungen von Jakobsmuscheln und Blüten bedeckt. Er stammt
aus der Spätgotik und war Ort der Gerichtsbarkeit. Seine
Aufstellung lässt vermuten, dass dem Handel in diesem
Gebiet schon immer große Bedeutung zukam, das Treiben der
Händler aber nicht stets paradiesisch schuldlos war. Händel
um Ackergrenzen und Wasserrechte dürften noch zu den
harmloseren Streitigkeiten gezählt haben. Aber wie viele Personen mögen an den Gerichtspfeiler angebunden und gezüch-
tigt worden sein, weil sie bei dem Abwiegen von Weizen-
säcken oder der Herstellung verwässerter Weine betrogen
hatten?

Blecherne Musik ertönt aus einem Lautsprecher, als wir in
den Ort hineingehen. Unsere Überraschung ist groß, denn es
ist Mittag, sehr heiß und das Dorf menschenleer. Wir schauen
uns verwundert um. Wer könnte wohl unser Kommen bemerkt und die Begrüßung veranlasst haben? Einige Meter
weiter entdecken wir den Eingang einer Bar. Der Wirt hatte
die werbewirksame Idee, herannahende Pilger durch eine

musikalische Einladung auf sich aufmerksam zu machen. Sie schlägt immer dann an, wenn Personen eine Lichtschranke auf der Straße passieren.

In der Wirtschaft bestellen wir Schinken und Käse und, während wir warten, lauschen wir der Musik, die leise aus einem Kofferradio dudelt. Die Enttäuschung, die uns nach der marktschreierischen Werbung des Wirtes befällt, ist groß. Der Schinken ist zäh und sehnig, der Käse trocken und hart. Die Qualität der Nahrungsmittel ist schlecht, wir lassen das meiste unangerührt. Mit einer Miene, die einen leichten Anflug von Bedauern enthält, dass es uns nicht geschmeckt hat, kassiert der Wirt von uns das Geld. Als ich von ihm das Wechselgeld entgegennehme, denke ich, dass er ein Fall für den Gerichtspfeiler gewesen sein könnte.

Etwa einen Kilometer hinter Boadilla del Camino gelangen wir an den Canal de Castilla, an dem wir entlangwandern, bis wir das Städtchen Frómista erreichen. Der Kastilische Kanal wurde im achtzehnten Jahrhundert angelegt und verhalf der Region zu wirtschaftlicher Blüte. Auf ihm konnten Waren mit Booten transportiert werden. Sein Wasser wurde für den Betrieb von Mühlen und die Bewässerung der Felder genutzt. Kurz vor Frómista geht der Kanal in eine Schleusenstrecke über, die technisch beeindruckt, sich aber malerisch in die sanfte Landschaft einfügt.

Es ist halb drei, als wir an der Herberge von Frómista ankommen, die an der Rückseite des Rathauses liegt. Wir lassen uns im Schatten der niedrigen Gebäude auf dem Boden nieder und warten, bis die Gemeindeherberge gegen fünf Uhr aufgeschlossen wird. Es ist sehr heiß, wir sind verschwitzt und recht durstig.

Auf dem Platz liegt ein kleiner Brunnen. Hier können wir trinken und uns waschen. Allerdings ist das keineswegs so einfach, wie wir dachten. Schwärme von Bienen belagern summend die Ausgüsse. Sie fühlen sich in der Nähe des Wassers so wohl, dass sie keinerlei Anstalten machen aufzufliegen, als wir uns dem Brunnen nähern. So gehen wir vorsichtig zu Werke, als wir unsere Trinkflaschen füllen und mit respektvollem Abstand die Kleidungsstücke auswaschen. Wir haben Sorge, die Schwärme könnten sich auf uns stürzen wie auf Feinde, die sie des erfrischenden Wassers berauben wollen.

Die Kirche San Martín in Frómista ist ein Meisterwerk romanischer Kirchenbaukunst und vielleicht die berühmteste Kirche auf dem Jakobsweg überhaupt. Ihre Höhe und Ausmaße erreichen knapp die eines Dorfkirchleins. Sie gehörte ehemals zu einem im elften Jahrhundert an derselben Stelle erbauten Benediktinerkloster. Von ihm gibt es keine Überreste mehr. Die Kirche hat drei Längsschiffe, die alle mit einer Apsis abschließen. Dort, wo das Querschiff das mittlere Langhaus kreuzt, erhebt sich eine achteckige Kuppel. Die Vorderfassade wird von zwei zylindrischen Türmen flankiert. Der gelbe Sandstein der Kirche erstrahlt in warmem Gold. Auf einem nur wenig erhöhten, frei liegenden Platz, der die Kirche knapp umfasst, präsentiert sich das Kleinod der Romanik.

Der Innenraum der Kirche ist schmucklos. Er besticht durch die Klarheit des Mauerwerks und das Ebenmaß der Bögen zwischen den Längsschiffen und im Übergang zum Querschiff und den Apsiden. Die Fenster lassen gerade so viel Licht einfallen, dass das Innere angenehm ausgeleuchtet ist. Die Kapitelle zeugen von vortrefflicher Steinmetzarbeit. Am meisten beeindrucken aber die 315 Sparrenköpfe aus Stein an den Dachvorsprüngen rund um die Kirche. Sie sind von vollendeter Schönheit: sie stellen Menschen- und Tierköpfe dar, von denen keiner einem anderen gleicht.

Am Abend fällt gleißendes Licht auf den Rathausplatz. Flutlicht ist installiert, und vor dem Rathaus ist eine große Bühne aufgebaut, auf der Schlagzeuge, Tonmischpulte und überdimensional große Lautsprecheranlagen stehen. Die Lautsprecher würden reichen, den ganzen Ort zu beschallen. Wir kommen mitten in die Vorbereitungen für die Fiesta. Morgen ist der 25. Juli, der Namenstag des Heiligen Jakobus.

In der sehr komfortablen Herberge sind noch drei ältere Franzosen und ein junger Spanier namens Pablo angekommen. Pablo sorgt für Aufsehen. Er hat sich mit einem Stuhl mitten in den Aufenthaltsraum gesetzt und badet seine Füße in einer Schüssel Essigwasser. Allein das Wort „Essigwasser" zieht mir schon den Mund zusammen, treibt mir die Tränen in die Augen und schnürt mir die Kehle zu. Immer stärker male ich mir aus, wie das Wasser jetzt an Pablos Füßen brennt, die Haut reizt und allmählich in die tiefer gelegenen Schichten dringt. Eine solche Behandlung war mir bislang nur zur Vorbereitung von Sauerbraten bekannt! Pablo aber schwört darauf, dass das Bad die Fußhaut wie Leder gerbt und sie so noch viel widerstandsfähiger macht. Die Franzosen und der Herbergsvater nicken zustimmend, bekennen aber, dass sie eine solche Wandervorbereitung noch nie ausprobiert hätten.

Um dreiundzwanzig Uhr schließt der Verwalter die Herberge, wir gehen zu Bett. Genau zur selben Zeit beginnt die Fiesta auf dem Rathausplatz. Die laute Musik, der dunkle Trommelhall und die tiefen Bässe schwappen ungedämpft über das Rathausdach in unseren Schlafraum hinein. Ein Conferencier animiert das Publikum. Er gerät, je länger die Feier dauert, in immer höhere Stimmlagen und wird immer lauter. Ich liege die ganze Nacht wach und zweifle, ob es richtig ist, dass die Spanier vor dem Rathaus lautstark das Jakobsfest feiern, während wir in der verschlossenen Herberge schlafen sollen. Bis vier Uhr morgens spielt die Kapelle.

Von Frómista nach Carrión de los Condes

Nach drei Stunden stehen wir auf und verlassen die Herberge. Die drei älteren Franzosen und auch Pablo hatten sich, von uns unbemerkt, schon vorher auf den Weg gemacht.

Der Himmel ist bedeckt, es ist angenehm kühl. Ein frischer Wind bläst uns entgegen.

Hinter dem Ort Población schiebt sich ein Hügel zwischen zwei Flüsse, wir können die weitere Strecke nicht einsehen. Während wir ansteigen, kommt mir Henri aus Namur in den Sinn. Er läuft, wie er sagte, nachdem er in Santiago de Compostela angekommen ist, denselben Weg wieder in seine Heimat zurück. Bislang, so wundere ich mich, sind uns von den Pyrenäen bis hierhin noch keine Pilger entgegengekommen, die von Santiago zurück zu ihren Heimatorten gingen, wie es im Mittelalter geschah. Es war ja immer das eigentliche Ziel, nach Santiago zu pilgern. Die Strapaze, den Rückweg ebenfalls zu Fuß gehen zu müssen, ist heute vermeidbar, seitdem moderne Beförderungsmöglichkeiten erlauben, Entfernungen in wenigen Tagen oder sogar Stunden zu überwinden, für die man vor Jahrhunderten noch Monate brauchte.

Es ist kaum einige Augenblicke her, dass ich dies dachte – übrigens bis dahin das erste Mal auf der Pilgerreise –, als sich uns vom Kamm des Hügels ein Mann behände nähert. Er bleibt stehen, um sich mit uns für eine kurze Weile zu unterhalten. Er begrüßt uns mit festem Handschlag und erkundigt sich sogleich forschend nach unserer Herkunft und Zielen. Während wir antworten, nickt er jeweils nach einigen Wortpassagen bestätigend, wobei ihm das volle schwarze Haar, dessen Spitzen grauweiß schimmern, immer tiefer in das gebräunte Gesicht fällt, sodass er es hin und wieder mit der Hand kurz zurückstreichen muss. Sein Blick ist nur selten auf uns gerichtet, wenn wir mit ihm sprechen. Meist schaut er nach unten, gelegentlich durch uns hindurch, oder seine dunklen Augen springen und suchen nervös die Umgebung ab. Er scheint von der Sorge getrieben, ihm könne etwas entgehen. Tatsächlich achtet er auf einen aus Richtung Carrión de los Condes herannahenden kleinen Lieferwagen. Der Fahrer hupt, hält kurz an und verständigt sich in wenigen Wortstücken mit unserem Gesprächspartner, bevor er in Richtung Frómista davon fährt.

Der Fremde erklärt uns, der Fahrer sei ein Freund, begleite ihn und transportiere die Sachen, die man üblicherweise auf einer Pilgerwanderung im Rucksack mit sich trage. Er selbst ist nur mit einer leichten Windjacke, einer Jogginghose und Turnschuhen bekleidet. Auf den Rücken hat er mit Riemen einen kleinen Beutel geschnürt, in dem nur seine Trinkflasche steckt. Er erzählt, er stamme aus Vitoria im Nordosten Spaniens und habe für die etwa siebenhundert Kilometer nach Santiago zehn Tage gebraucht. Dieselbe Zeit rechne er für den Rückweg. Pro Tag gehe er zwischen sechzig und achtzig Kilometer. Heute sei er um fünf Uhr in der Frühe in Carrión de los Condes aufgebrochen und wolle bis Burgos gehen, rund vierundachtzig Kilometer. Die Wetterbedingungen seien für dieses Vorhaben jetzt geradezu ideal. Wir glauben ihm und haben keinen Zweifel, dass er die Tagesstrecke schafft – und wenn nicht, auf jeden Fall aber im Schnitt bleibt. Dafür spricht der äußere Augenschein: Der Mann ist zwar, wie er angibt, Ende fünfzig, aber er hat eine sportliche Statur, ist mittelgroß und außerordentlich drahtig. Ohne Gepäck kann er sechs Kilometer in der Stunde gehen und sein Ziel in vierzehn Stunden erreichen. Auf Herbergen ist er nicht angewiesen, da er im Lieferwagen schläft. So kann er mit seiner Tageswanderung beginnen und aufhören, wie es ihm gefällt.

Plötzlich wird er sehr nachdenklich: Er gehe in diesen Tagen die Strecke Vitoria-Santiago-Vitoria auf dem Jakobsweg das dreiundzwanzigste Mal! Allein im letzten Jahr sei er sie drei Mal gepilgert. Sein Motiv sei nur noch rein religiös. Er suche etwas, er wisse nicht, was, glaube aber, es auf dem Jakobsweg finden zu müssen. Er zuckt mit den Schultern und meint, es sei für ihn Schicksal und Zwang, den Jakobsweg immer wieder zu pilgern. Die Pilgerreise hätte ihn jedoch nie mehr so begeistert wie das erste Mal! Er verabschiedet sich und wünscht uns eine Wanderung der Einkehr, aber auch nachhaltige Eindrücke und unvergessliche Erlebnisse. Fünf Tage später werden wir mit anderen Pilgern zufällig wieder auf den Mann aus Vitoria zu sprechen kommen.

Die Wolkendecke reißt auf, die Sonne bricht durch. Sie hebt Felder und Dörfer in frischen Farben hervor. Der Wind hat sich verstärkt, er streicht über die Maisfelder. Rispen und Kolben wiegen sich hin und her.

Am Ausgang von Villarmentero de Campos liegt rechts ein großer Rastplatz. Das Gras ist frisch gemäht. Im Schatten von Baumgruppen stehen Tische und Bänke aus Stein. Ein einfaches, altes Wegkreuz deutet darauf hin, dass die Anlage am ursprünglichen Weg errichtet wurde. Sie ist außerordentlich gut gepflegt. Wir treffen hier – es ist immerhin Jakobstag bzw. nationaler Feiertag – einen älteren Dorfbewohner, der gerade Rechen und Hacke an die Stange seines Fahrrads bindet, nachdem er den Rastplatz gesäubert und Unkraut gejätet hat.

Der einfache Mann, ein Bauer, kommt auf uns zu und erzählt von seinen Begegnungen und Gesprächen mit Pilgern an dieser Raststelle. Seine dünnen weißen Haare flattern im Wind mit den kleinen Blättern der jungen Pappeln um die Wette. Er meint, es verhalte sich mit dem Jakobsweg genau umgekehrt wie mit dem Turmbau zu Babel. Die Erbauer zu

Babel hätten sich von einer Sprache in viele verschiedene auseinander dividiert, und an diesem Sprachgewirr und am mangelnden Zusammenhalt sei das ehrgeizige Vorhaben schließlich gescheitert. Dagegen führe der Camino die Menschen aus den unterschiedlichsten Ländern zusammen und vereinige deren Sprachen. Er freue sich, Fremde aus dem Ausland zu treffen, sich mit ihnen zu unterhalten. Das bringe die Welt in sein Dorf und sein Herz! So sei doch der Jakobsweg, wie schon immer, das eigentliche Rückgrat Europas. Er will das geschichtlich und religiös gedeutet wissen.

Während unser Gespräch fortdauert, steht plötzlich „der Franzose" auf dem Pilgerweg. Wir haben ihn das letzte Mal in der Gaststätte von Hontanas gesehen. Dort war er zur Übernachtung geblieben, als wir neun Kilometer nach Castrojeriz weitergingen. Nun hat er auf zweiundvierzig Kilometer bis hierhin diese neun Kilometer wieder aufgeholt und ist uns sogar voraus, ohne dass wir ihn zuvor irgendwo sahen oder trafen. Es könnte ja sein, dass er gestern, als wir frühzeitig unsere Etappe in Frómista beendeten, an uns vorbeigezogen ist und dann die letzte Nacht in der Herberge von Población de Campos geschlafen hat. Sehr wahrscheinlich scheint uns das allerdings nicht, denn „der Franzose" hatte schon in Hontanas große Probleme mit den Füßen. Er stützte sich auf seinen Pilgerstab und hatte einen schweren schleifenden Gang. Er macht keine Anstalten, mit uns in Kontakt zu kommen. Aus gehörigem Abstand betrachtet er stumm und teilnahmslos, aber mit fest auf uns gerichtetem Blick, wie wir uns mit dem Bauern unterhalten. Als wir unseren Weg fortsetzen, ist er nach rechts in die Maisfelder verschwunden.

Villalcázar de Sirga ist eine Gründung des Templerordens und diente dem Schutz des Pilgerweges, der im Spanischen auch „Sirga Peregrinal" genannt wird, weil er sich wie eine

Schnur (sirga) durch die Landschaft zieht, an der die Kirchen und Klöster wie Perlen aufgereiht sind.

Aus der Zeit der Templer stammt die prachtvolle romanische Kirche Santa María la Blanca. Sie beherbergt die berühmte, heute leider stark beschädigte Steinstatue der Weißen Jungfrau Maria, die mit dem Jesuskind auf den Knien auf einem Thron sitzt. Ihr werden Wunderheilungen von Pilgern nachgesagt, die vom Heiligen Jakobus vergeblich Hilfe erhofft hatten und auf der Rückreise waren. So war ein Aussätziger einstmals sehr verzweifelt, dass ihm die Reise zum Apostelgrab nicht die Heilung von seinem Leiden gebracht hatte. Er warf sich auf dem Heimweg vor der Marienstatue auf den Boden, beklagte seinen unerträglichen Zustand und bat die Jungfrau inständig um Hilfe. Sie soll wegen des schlimmen Schicksals des Mannes Tränen des Erbarmens geweint haben, die auf ihn herab tropften. Sofort wurde er frei von Aussatz.

Unterhalb der gewaltigen Kirche liegt die alte, aus Stein erbaute Herberge, die den Namen Casa de los Peregrinos, Haus der Pilger, trägt. Wir kehren ein, um etwas zu trinken. Eine Studentin tut Dienst. Sie sitzt in dem hellen hohen Gastraum an einem Tisch und liest. Sie erhebt sich kurz, versorgt uns mit Wasser, stempelt die Pilgerpässe und liest weiter. Außer uns sind keine Pilger in der Herberge. Die Stimmung ist friedlich. Im Gastraum hört man nur das Summen der Fliegen, das gelegentlich dadurch gestört wird, dass die Studentin die nächste Seite ihres Buches umschlägt. Markus ist auf seinem Stuhl eingenickt. Sein Körper neigt sich ganz langsam vor, verschiebt allmählich den Schwerpunkt und gerät dann ruckweise aus dem Gleichgewicht; beinahe wäre er vom Stuhl gefallen.

„Der Franzose" betritt die Herberge. Er schlurft zu dem Tisch, an dem die Studentin sitzt, begehrt mit einer knappen

Geste Wasser und lässt sich auf einem Stuhl nieder. Langsam schnürt er seine Schuhe auf und zieht sie aus. Er wickelt die Füße aus Leinenlappen und Mullbinden und bittet die Herbergsverwalterin um Pflaster und Verbandsmaterial. Die Füße weisen nicht sonderlich viele Blasen auf, dafür aber zahlreiche rot unterlaufene Druckstellen, an denen die Haut schon dünn glänzt. Sie schmerzen offenkundig sehr, denn er streicht mit den Handflächen oftmals über sie hinweg, als könne er sie wegmassieren oder doch wenigstens sein Leid lindern. Er bleibt äußerst wortkarg und erstickt jeden Versuch, mit ihm ins Gespräch zu kommen, indem er nicht antwortet. Wir rätseln, ob er misstrauisch ist oder ein Schweigegelübde abgelegt hat. Vielleicht will er auch einfach nur in Ruhe gelassen werden.

Etwa gegen dreizehn Uhr treffen wir in Carrión de los Condes an der Kirche Santa María del Camino ein. Auf einer Steinbank lassen wir uns nieder und beratschlagen, ob wir nach zweiundzwanzig Kilometern, die wir jetzt hinter uns haben, noch siebzehn Kilometer bis zur nächsten Herberge gehen oder, wie geplant, hier unsere Tagesetappe beenden sollen. Wir fühlen uns noch kräftig, und es ist heute nicht zu warm. Das spricht dafür, den Plan zu ändern. Bestärkt werden wir dadurch, dass die drei älteren Franzosen, die heute Morgen vor uns in Frómista aufgebrochen sind, aus der Kirche auf uns zukommen und uns wissen lassen, dass sie jetzt noch die weite Strecke gehen wollen. Sie haben an einem Gottesdienst zum Jakobsfest teilgenommen, der gerade zu Ende gegangen ist.

Als wir uns abstimmen, was wir nun tun sollen, nähert sich der Pfarrer von Santa María del Camino, der gerade die Kirche abgeschlossen hat. Er geht leicht nach vorn gebeugt und spricht uns mit väterlicher Gebärde an. Er fragt, ob wir in seiner Herberge Station machen wollen, und lädt uns ein, den

Herberge in Carrión de los Condes

Kirche Santa María del Camino

Jakobstag unter seinem Dach zu verbringen. Wir zögern keinen Augenblick und nehmen an, zumal es unserem ursprünglichen Plan entspricht. Es wird ein unvergesslicher Nachmittag!

In der geräumigen Herberge sind wir ganz allein. Stufen führen durch eine Tür in den großen Pfarrgarten, der nicht eingesehen werden kann. Ein Trockenplatz regt unsere Fantasie an. Wir duschen – warmes Wasser ist nicht knapp –, waschen unsere Wäsche gründlich und hängen sie im Hof in Wind und Sonne.

Stefan und Michael kaufen Cola, Fanta, Rotwein, Donuts, Madalenas, Brot, Äpfel, Marmelade und Käse und schleppen die Getränke und Esswaren in fünf Plastiktüten heran. Bevor wir mit unserem Festmahl beginnen – wir haben heute noch nichts gegessen –, schaut mehrmals die Schwester des Pfarrers vorbei. Sie freut sich über unsere Vorbereitungen, erkundigt sich, ob uns noch irgendetwas fehle, und verlässt uns dann mit dem Hinweis, sie werde jetzt die Herberge bis siebzehn Uhr abschließen und in dieser Zeit niemanden hereinlassen, sodass wir nach dem Essen ungestört Siesta machen könnten.

Wir haben großen Durst. Die gekühlten Literflaschen nichtalkoholischer Getränke sind schnell ausgetrunken. Obwohl wir mit Muße speisen, essen wir viel zu viel, und auch der Rotwein steigt uns rasch zu Kopf. Die Mischung süßer und salziger Speisen verfehlt ihre Wirkung nicht. Wir sind satt, fühlen uns voll und rollen uns zum Mittagsschlaf auf die Betten. Stefan und Michael klagen, ihnen sei schlecht, und schwören, nie mehr so viel zu essen.

Wir nehmen am Abend an der Messe zum Jakobstag teil. Der Besuch des Gottesdienstes ist eigentlich nicht sonderlich erwähnenswert. Da wir zu Hause sonntags zur Kirche gehen, bedürfte es schon eher der Erklärung, warum wir gerade an den vier Sonntagen, die in unsere Pilgerzeit fielen, keine Messe besuchten. Soweit man aus dem Ruhetag der Schöpfung oder den zehn Geboten die Heiligung des Sonntags herleitet, dürfte diese christliche Pflicht auch erfüllt sein, wenn der wöchentliche Messbesuch nicht unbedingt an einem Sonntag stattfindet. Die zeitliche Ordnung von Sonntagsmessen in den Kirchen auf dem Camino passte nicht immer in unseren Pilgerplan. So dachten wir, es könne Gott nicht gefallen, Zeit damit zu vertun, den Stundenplan der Messordnung einzuhalten und dafür später in der Mittagshitze zu leiden. Schließlich ist Pilgern selbst Messe: Es hilft, persönlich Einkehr zu halten, dem Sinn dessen, was man erlebt hat, nachzuspüren, dankbar für das zu sein, was man erreichen durfte, die Schöpfung in ihrer Vielfalt zu erfahren und zu verstehen.

Schräg gegenüber der Kirche liegt ein ansprechendes Restaurant. Auf der Speisekarte wird ein besonderer Leckerbissen angeboten: Pulpo a la Gallega – Tintenfisch auf Galicische Art. Spanier schwärmen von diesem Gericht und wecken Neugier und Appetit, weil jeder von einer anderen Art der Zubereitung dieser Köstlichkeit zu berichten weiß und darauf schwört, sie sei die einzig richtige. Auf einem runden dicken Holzbrett serviert uns der Wirt die gekochten Tintenfischarme in Scheiben, die auf Kartoffeln in grobkörnigem Salz, rotem Pfeffer und Olivenöl liegen. Der Anblick lässt mir schon das Wasser im Munde zusammenlaufen. Meine Söhne waren zuerst abgeneigt, langen aber dann, da die Speise sehr appetitlich dargeboten wird, kräftig zu.

Am Abend ist auch „der Franzose" in der Herberge. Seltsamerweise schläft er nicht bei uns im Parterre, obwohl noch Betten frei sind. Sein Lager ist eine Matratze auf dem Boden des Herbergsraums in der ersten Etage. Der Raum sieht aus, als wenn hier ehemals eine kleine Kapelle eingerichtet gewesen wäre. „Der Franzose" ist dort allein untergebracht. Er ist ein wahrer Einzelgänger. Bevor er sich zum Schlafen hinlegt, bittet er mich in spärlichen Worten, ihn morgen Früh zu wecken, ehe wir losgehen. Ich weiß nicht, wodurch ich mir sein Vertrauen für diesen besonderen, sehr persönlichen Auftrag verdient habe. Auch jetzt kommen wir nicht weiter ins Gespräch. Ich freue mich aber, dass wenigstens dieser kurze Kontakt zustandekam.

Von Carrión de los Condes nach Sahagún

Als ich um halb sechs „den Franzosen" wecken will, ist sein Lager leer. Wohin ihn seine heutige Etappe führt, wissen wir nicht, aber er muss sich eine weite Strecke vorgenommen haben, sonst wäre er nicht so früh losgegangen.

Es scheint ein herrlicher Tag zu werden. Der Himmel ist klar, und ein kühler Wind weht uns entgegen. So weit unsere Blicke reichen, sehen wir nur abgeerntete Getreidefelder. „Der Franzose" ist nicht zu entdecken. Wir sind erstaunt darüber, dass er uns jetzt schon so weit voraus sein soll, und denken darüber nach, wie lange vor uns er von der Herberge in Carrión de los Condes aufgebrochen sein muss.

Der Weg leitet uns durch sanfte Landschaftssenken und über ausgedehnte Erdrücken. Wald gibt es in dieser Gegend nicht. Einige Radfahrer sind unterwegs, die alle Spanier sind. Sie tragen bunte, eng anliegende Fahrradanzüge, schnittige Helme und Sporthandschuhe. Sie treten kräftig in die Pedalen ihrer Rennräder. Wenn sie auf dem Asphalt an uns vorbeisurren, bin ich geradezu neidisch, wie viel schneller sie vorankommen.

Ob die Fahrer als Pilger daherradeln oder die asphaltierten Strecken des Jakobswegs, die verkehrsarm und ruhig sind, nur für ihre sportliche Betätigung nutzen, ist schwer zu sagen. Niemand führt Gepäcktaschen auf seinem Rennrad mit. Später habe ich Gelegenheit, mich mit einzelnen Fahrradfahrern über ihre Motive zu unterhalten. Sie bekennen durchweg, die sportlichen Interessen stünden im Vordergrund; sie fänden es aber reizvoll, zugleich auf dem Jakobsweg zu sein. Preiswerte Herbergen und insbesondere die großen Zeltlager im Sommer förderten die Möglichkeit. Religiös motivierte Pilgertouren würden sie als Gruppenfahrten organisieren, die dann eine Woche bis zehn Tage dauerten. Pilger, die von den Pyrenäen nach Santiago auf Fahrrädern fuhren, haben wir auf unseren Etappen nicht angetroffen.

Zufrieden und in guter Stimmung treffen wir am Nachmittag in der Herberge von Sahagún ein. Sie ist in einem neu und großzügig errichteten städtischen Kulturzentrum untergebracht, das mit den Bauresten der ehemaligen Dreifaltigkeitskirche in architektonisch besonders gelungener Weise verbunden wurde. Der ganz aus gelbem unregelmäßigen Sandstein gemauerte hohe Baukörper wird im Inneren zur Hälfte durch eine Empore unterteilt, zu der man eine breite Treppe hinaufsteigt. Sie sind ebenso wie die Decke aus hellem Holz und in klaren Linienführungen gearbeitet. Der Raum wird vom Tageslicht durchflutet. Die Einheit von Konstruktion und Licht vermittelt Harmonie.

Im Parterre stehen Stuhlreihen auf dem steinernen Fußboden. Diese Fläche kann als Mehrzweckraum für Messen, Musik- oder Vortragsveranstaltungen genutzt werden. Die Kombinierbarkeit macht deutlich, wie Kirche und Staat in Spanien heute versuchen, kulturelle Ereignisse auf kommunaler und provinzieller Ebene mit dem Jakobsweg zu verquicken und dadurch das nationale religiöse Erbe in den modernen Lebensformen einer Industriegesellschaft wach zu halten. Mögen Teile des Klerus der Idee skeptisch gegenüberstehen, an solchen Veranstaltungsorten auch Popkonzerte und Hightech-Filmvorführungen zuzulassen, so lenken doch gerade solche Projekte das Interesse der Jugend auch auf die Fundamente der christlichen Religion in Europa.

Auf der Empore des Kulturzentrums grenzen Raumteiler und Kabinen den sanitären Bereich von den Schlafstellen ab. Jeweils vier Hochbetten bilden eine Schlafecke, die Platz bietet, das persönliche Gepäck unterzubringen. Bei der Deckenhöhe des Gebäudes sehen die Herbergseinrichtungen auf der Empore wie die Auskleidungen einer Puppenstube aus. Schaut man vom Bett hinab auf den Veranstaltungssaal, fühlt man sich so klein wie ein Vogel in der Luft.

Im Glaswindfang steht ein großer schwerer Tisch, an dem die Helfer uns bei der Ankunft registrierten. Wir bekamen die Nummern der Betten ausgehändigt, die uns für die Nacht zugeteilt sind, und die Verteilung wurde in einem Lageplan sorgfältig notiert.

Zwei Kirchen der Stadt erregen unsere besondere Aufmerksamkeit und verdienen es, ein oder zwei Mal in Ruhe um sie herumzugehen, um auch alle Details aufzunehmen. San Tirso und San Lorenzo sind im zwölften bzw. dreizehnten Jahrhundert erbaut worden und präsentieren sich in einem Baustil, in dem sich Romanik bzw. Gotik mit den Formen des Mudejar mischen. Die beiden Kirchen sind in rötlichem Backstein errichtet, womit die gleichfarbigen Dachziegel so harmonieren, dass ein einheitlicher Gesamteindruck entsteht.

Gegen elf Uhr abends sind wir wieder in der Herberge. Es ist dunkel auf der Empore, nur durch ein Fenster fällt fahles Mondlicht auf den Fußboden. Ich war gerade eingeschlafen, als ich durch die Rufe eines Mannes aufgeweckt werde. Er versucht, mit jemandem im unteren Etagenbett der nächsten Schlafecke ins Gespräch zu kommen, erhält aber keine Antwort. Mit lauter Stimme redet er weiter, obwohl in der Herberge Ruhe herrscht. Zudem hantiert er mit einer großen Taschenlampe, deren Lichtkegel über Betten, Wände und Boden huscht. Ich drehe mich aus dem Hochbett, um nachzuschauen, was schräg hinter mir vorgeht: In dem unteren Bett liegt „der Franzose" und schläft. Sein Pilgerhemd benutzt er auch als Nachtgewand. Die Fußlappen sind immer noch um die Füße gewickelt, lösen sich aber mehr und mehr. Neben seinem Bett stehen fein nebeneinander gestellt Rucksack, Schuhe und Wanderstab; der Hut liegt auf dem Rucksack. „Der Franzose" muss sehr müde sein, denn er wacht auch nicht auf, als der Mann ihn an der Schulter rüttelt.

Der Mann trägt eine Uniform und eine Dienstmarke auf dem Hemd, die ihn als Wachmann ausweist. In der Hand hält er den Belegungsplan der Betten und kontrolliert, ob alle eingenommenen Betten auch mit den von den Helfern zugewiesenen übereinstimmen. Das erfüllt mich plötzlich mit tiefer Zufriedenheit. Ich habe bisher noch nicht erlebt, dass Kommunen und Herbergsverwaltungen so um die Sicherheit ihrer Gäste bemüht sind. Das lässt sich trefflich als Argument in der touristischen Werbung für den Jakobsweg einsetzen und beraubt abenteuerliche Erzählungen ihres Besorgnis erregenden Inhalts, die von Gaunereien und Diebstahl bis hin zu körperlicher Versehrtheit zu berichten wissen, denen Pilger auf dem Jakobsweg angeblich auch heute noch ausgesetzt sind.

Offensichtlich hat „der Franzose" das falsche Bett bezogen. Der Wachmann argwöhnt, er habe sich als Fremder unberechtigt nachträglich eingeschlichen, und will den Fall im Interesse der Sicherheit klären. Er kann ihn aber nicht aufwecken. So nehme ich Gelegenheit, mich spontan für ihn einzusetzen, bevor er unnötig aus dem Schlaf gerissen wird. Für das Vertrauen, das ich als Ausländer bei dem spanischen

Wachmann einwerben kann, bin ich dankbar! Er lässt von ihm ab, notiert kurz eine Erläuterung bei der Falschbelegung, bedankt sich bei mir für die Auskünfte und wünscht mir eine gute Nacht. Ich freue mich, dass ich heute doch noch etwas Hilfreiches für „den Franzosen" tun konnte, auch wenn er es wohl nie erfahren wird.

Von Sahagún nach Mansilla de las Mulas

„Der Franzose" schläft noch, als wir um sieben Uhr die Herberge von Sahagún verlassen. Durch die Straßen der Stadt gehen wir hinunter zum Fluss Cea. Am anderen Ufer liegt ein kleiner Pappelwald, angelegt auf der Wiese der Lanzen Karls des Großen. Die hohen, schlanken Pappeln sollen aus den Lanzen entstanden sein, die von Kriegern Karls des Großen und Rolands am Tag vor der Schlacht gegen die Mauren an den Ufern des Cea in den weichen Wiesengrund gerammt wurden. Aus den Lanzen der Soldaten, die am nächsten Tag in der Schlacht fallen sollten, wuchsen über Nacht junge Bäume. So zeichnete der Herr die aus, die im Kampf für ihren Glauben ihr Leben ließen. Mehr als vierzigtausend christliche Kämpfer kamen um, was erklärt, warum heute noch so viele Pappeln am Jakobsweg stehen. Prominente Opfer waren übrigens der Vater Rolands und das Pferd Karls des Großen.

Natürlich sind die Spanier immer noch stolz, dass so die Herrschaft der Mauren zurückgedrängt wurde und die christliche Religion nicht im Islam unterging. Das beweisen viele regionale Feste, die zum Dank jährlich immer wieder mit großen Umzügen und folkloristischen Kampfszenen gefeiert werden. Das ist zelebrierte Geschichte. Mich befällt ein gemischtes Gefühl. Eroberer zu vertreiben, ist verständlich. Als Motivation dafür den Glauben einzuspannen, ist ein anderes Problem, unter dem die Welt auch heute noch leidet. Allerdings nahmen damals die Kaiser und Könige selbst an der

Schlacht teil, setzten sich der Lebensgefahr des Kampfes aus und waren unter ihren Untertanen, die für sie Kriegsdienst leisteten. Viele Kriege könnten früher beendet sein, wenn jene mit in den Kampf ziehen müssten, die fernab von sicheren Kommandozentralen aus befehligen.

Nach fünf Kilometern, im Ort Calzada del Coto, gabelt sich der Jakobsweg. Beide Strecken begleiten die Bahnlinie von Palencia nach León. Die nördliche Route folgt der Via Traiana. Sie heißt auch „Pflasterstraße der Pilger", weil ab und zu noch der Belag der römischen Heerstraße zu Tage tritt. Wir nehmen die südliche Strecke, die uns den Real Camino Francés - den „Königlichen Französischen Weg" – entlangführt. Der Himmel ist strahlend blau, es wird wieder sehr heiß.

Der Real Camino Francés wurde im Jahre 1991 auf den zweiunddreißig Kilometern von Calzada del Coto bis nach Mansilla de las Mulas von der Regierung der Provinz Kastilien und León mit internationalen Finanzmitteln völlig neu angelegt – sozusagen als Vorbereitung auf das Heilige Jahr 1993. Er zieht sich fast schnurgerade durch die Hochebene und beginnt an einem weithin leuchtenden hellweißen Steinsockel aus drei Quadern, auf denen das Jakobsschwert wie ein Kreuz prangt. An den Stellen, an denen er Flussläufe überquert, die im Sommer fast alle austrocknen, wurden große Rastplätze im Schatten von Pappelgruppen hergerichtet.

Am südlichen Rand des breiten Feldwegs sind in regelmäßigen Abständen kleine Platanen gepflanzt. Es soll sich um eine besondere Baumsorte handeln, nämlich platanus acerifolia, die große Blätter bildet und schnell wächst. Alle zwölf Meter, man kann beinahe das Gleichmaß der eigenen Schritte danach abschätzen, steht ein solches junges Bäumchen. Um die Stämme herum sind kleine Wälle aus Erde aufgehäufelt, um den Regen aufzusammeln. Im Sommer fällt er so spärlich, dass er für das Wachstum der jungen Platanen nicht reicht.

Ein paar Hundert Meter voraus zieht ein Traktor einen Pritschenwagen mit einem großen Wassertank. Ein Landarbeiter füllt die kleinen Becken um die Bäume mit Wasser. Der Mann berichtet, es habe schon lange nicht mehr geregnet und die Reservoirs für die künstliche Bewässerung seien leer. Dünne schwarze Schläuche treten zur automatischen Wasserzufuhr neben den Baumstämmen aus der Erde. Sie sind mit einem unterirdischen Bewässerungssystem verbunden, das von großen Wasserspeichern der Bäche gespeist wird.

Die Investitionen waren beträchtlich. Neue Arbeitsplätze entstanden, denn die Bäume und die Wasserversorgung bedürfen der dauerhaften Pflege. Nicht nur, dass im Sommer regelmäßig die Bewässerung Baum für Baum von Hand vorgenommen werden muss. Auch das Kanalsystem und die Schläuche müssen von Schmutz und Verschlammung frei gehalten werden, wenn sie fehlerfrei funktionieren sollen. Sonne, Wind und Wasser zerstören mit der Zeit die kleinen Erdwälle um die Bäume. Sie müssen immer wieder neu aufgehäufelt werden.

Berühmte Ökonomen haben darüber geschrieben, dass es in Zeiten geringer Einkommen und schlechter Beschäftigung in einer Volkswirtschaft sogar lohnend sein kann, völlig nutzlose Investitionen wie das Graben von Löchern oder das Aufschichten von Hügeln vorzunehmen, um mit den Ausgaben Nachfrage, weitere Investitionen und die Schaffung neuer Arbeitsplätze anzustoßen. Das ist schließlich eine Begründung für staatliche Investitionsprogramme. Unser Landarbeiter hat von solchen Wirtschaftstheorien noch nichts gehört, meint aber, sie könnten durchaus für ihn gelten, und freut sich, dass die Regierung seiner Provinz sich zu der Maßnahme, die Platanenchaussee anzulegen, entschlossen hat. Ob von dieser

Investition zukünftig auch Geschäfte, Gaststätten und Hotels der Region profitieren würden, da ist er eher skeptisch. Dazu reicht seiner Meinung nach die Anzahl der Pilger auf dem Jakobsweg nicht, auch wenn in Heiligen Jahren angeblich bis zu dreihunderttausend Pilger auf dem Camino sind. Dann müsste sich schon mehr Industrie in dieser Region ansiedeln. Allerdings mit dem unnützen Graben von Löchern und Aufschichten von Hügeln will unser Landarbeiter die Investitionen seiner Provinz Kastilien und León – er spricht ausdrücklich immer von „mi tierra" – auch nicht verglichen wissen. Denn in zwanzig bis dreißig Jahren, wenn die Bäume groß seien, würden sie den Pilgern Schatten spenden. Daher sei die Allee von enormem Nutzen.

Staatliche Investitionen in den Jakobsweg haben Tradition. Das gilt besonders für den Königlichen Französischen Weg. Der Beiname geht darauf zurück, dass sich bereits Karl III. in der zweiten Hälfte des achtzehnten Jahrhunderts erfolgreich darum bemühte, das Wegenetz und die Siedlungsmöglichkeiten in dieser Gegend zu verbessern. Dadurch erfuhr die Region wirtschaftliche und verwaltungsmäßige Vorteile. Der Jakobsweg wurde zu einer bedeutenden Reise- und Handelsstraße.

Eine Menschentraube hat sich auf der Hauptstraße von El Burgo Raneros gebildet. Der Bäcker ist mit seinem Transporter angekommen. Aus den Häusern laufen die Frauen zusammen und stehen an, bis sie bedient werden. Ihre Höflichkeit ist uns geradezu peinlich. Als wir uns dem Bäckerwagen nähern, machen sie eine Schneise frei, um uns vorzulassen. Da hilft es auch nichts, dass wir uns abwehrend bedanken und wiederholt zum Ausdruck bringen, warten zu wollen, bis wir an der Reihe sind. Wir werden fast wie von unsichtbaren Händen bis zur Verkaufsrampe des Bäckerwagens vorgeschoben; es wäre eine Beleidigung, sich dieser gastfreundlichen

Bevorzugung widersetzen zu wollen. Der Bäcker ist ein frei-
giebiger Mensch, er schenkt uns drei Stangenbrote, „Barras"
auf Spanisch, und freut sich, Pilger zu unterstützen.

Unser Broterwerb wird von den Frauen mit großem Interesse begleitet. Mutterinstinkte treiben sie, mit meinen
Söhnen ins Gespräch zu kommen. Bei drei schlanken Jungen
mit blonden Haaren finden spanische Mütter immer eine Gelegenheit, bewundernd anzumerken, wie prächtig sie doch
seien: „Que guapos! Verdad!" Das darf man nicht als Respekt
für den Vater missverstehen. Es ist nur ein Kompliment für
die Mutter, dann auch ein Lob für die Jungen! Die Gespräche
drehen sich um die üblichen Fragen, woher wir kommen,
wohin wir heute gehen, welcher Nationalität wir sind, wie
groß die Familie ist und warum wir den Jakobsweg pilgern.
So kommen wir allmählich unter vielen Antworten nach
rechts und links vom Bäckerwagen wieder weg. Wie Tiere,
die Beute gemacht haben, schlagen wir die nächste Gasse
nach rechts ein und streben dem nahen Dorfrand zu, um ungestört zu essen.

Orte wie El Burgo Raneros vermitteln praktische An-
schauung über die strukturschwache wirtschaftliche Situation
des Nordwestens von Spanien und was der Jakobsweg für ihn
bedeutet. Der Ort hat keinen eigenen Bäckerladen, aber eine
neue hervorragend ausgerüstete Herberge. Sie ist, wie viele
neue Herbergen entlang des Jakobswegs westlich von Burgos,
mit Staatsmitteln erbaut worden und stellt eine Investition dar,
die von der Bevölkerung als Signal verstanden wird, dass der
Staat ihre Heimatorte fördert. Neue kirchliche Herbergen sind
dagegen kaum entstanden. So könnte sich für die zukünftige
Geschichtsschreibung durchaus der Eindruck verfestigen, dass
zwei Jahrhunderte nach Karl III. unter der Regentschaft Juan
Carlos I. die Infrastruktur des Jakobswegs eine erhebliche
Erneuerung erfahren hat. Mehr Beschäftigung und höhere

Einkommen wären den freundlichen und bescheidenen Menschen im spanischen Norden wahrlich zu gönnen, die vom Wirtschaftsboom durch den Massentourismus an der Mittelmeerküste ihres Landes nur träumen können.

Die dreizehn Kilometer von El Burgo Raneros bis zum nächsten Dorf Reliegos sind monoton und einsam. Die Strecke ist mit der zwischen Hornillos del Camino und Hontanas vergleichbar, nur dass die Langeweile noch zwei Kilometer länger dauert. Davon, dass sich hier im Altertum wichtige römische Heerstraßen und Handelswege kreuzten, also einmal viel Betrieb war, spürt man nichts mehr. Die Hitze hat zugenommen, und wir trotten einsam die Platanenchaussee entlang. Die Sonne brennt, und ich male mir aus, die kleinen Baumkronen der jungen Platanen würden ihre Zweige plötzlich zu starken Ästen entwickeln und zu einem Schattenband verweben, unter das ich fliehen könnte. Von vielen Wundern auf dem Jakobsweg habe ich schon gehört und gelesen, aber mein Traum erfüllt sich nicht.

Den ganzen Nachmittag über hören wir nur das helle Singen von Grillen. Das Geräusch ist uns inzwischen vertraut; es verwundert nicht, dass es lauter wird. Als es sich zu einem Rauschen entwickelt, horchen wir doch auf. Ein Zug braust heran. Gleichgültig schauen wir zu, wie er vorbeirast. Der Lokomotivführer reißt uns mit einem schrillen Gruß aus unserer Lethargie, indem er die Zugsirenen betätigt, die uns ein „Ultreya!" und ein „Ánimo!" entgegenheulen. Ob der Lokomotivführer Manolo war, mit dem wir von Roncesvalles nach Santo Domingo de la Calzada pilgerten? Allein die Illusion ist erfrischend. Sie ruft wach, wie wir an Flüssen entlang durch das hügelige und grüne Navarra wanderten.

In der Ferne tauchen zwei Personen auf, die uns entgegenkommen. Die eine ist schmal und groß, die andere klein und dick, beide schwingen Wanderstöcke. Sie gehen mit leichtem

Gepäck und tragen keine Sonnenhüte. Sie sind Deutsche. Sie unterhalten sich darüber, wie man die Duftnote eines Parfüms am besten vermittelt. Die beiden sehen nicht so aus, als wenn es dabei um den eigenen Verbrauch eines Duftwassers ginge. Vielmehr läuft ihnen der Schweiß von der Stirn und steht ihnen in den Hemden. Ihre Kleidung ist verstaubt. Der kleine Dicke kaut unentwegt auf dem abgebrochenen Stilende einer ausgedroschenen Ähre herum, während der Lange hin und wieder mit seinem nassen Taschentuch die Stirn wischt. In Gedanken befinden sie sich nicht auf dem Jakobsweg, denn der Dicke redet von Jasmin, Gras, blauem Himmel, weißen Wolken und der flüchtigen Begegnung zwischen der eleganten Dame und dem perfekt gekleideten Herrn, die im tropischen Garten stattfinden müsse. Der Lange stimmt ihm zu, gibt aber zu bedenken, das Gesicht der Frau müsse mit einem Sonnenreflektor aufgehellt werden und es komme auf die richtige Perspektive in der Kulisse an; eventuell müsse man noch mit Schlaglampen und verzögerten Belichtungszeiten arbeiten.

Die beiden Männer sind, wie wir von ihnen erfahren, in der Werbebranche tätig und arbeiten für eine Filmagentur. Sie erhielten einen Großauftrag von einem bedeutenden Handelsunternehmen. Die Diskussion des passenden Werbekonzepts fesselt die beiden so, dass sie die stechende Sonne und die trockene Luft nicht zu verspüren scheinen. Ja, es sieht fast so aus, als wenn es ihnen lästig sei, durch die Begegnung mit uns aus ihren kreativen Gedankengängen gerissen zu werden. Das kurze Gespräch offenbart dann auch, dass sie auf dem Jakobsweg wandern, um ihr Konzept ungestört zu entwerfen. So reisten sie mit dem Zug nach Pamplona und gingen in einer Woche nach Logroño. Von dort fuhren sie nach Astorga und wollten nach Santiago de Compostela wandern. Das machte ihnen aber nach zwei Tagen keinen Spaß mehr, weil die Gegend westlich von Astorga völlig von Pilgern überlaufen ist. In den kleineren Orten sind jetzt auch die Pensionen und Hostals besetzt. Sie wollen eine ruhige Strecke wandern und keine Abschnitte, die so überlaufen sind wie Bürgersteige von Einkaufsstraßen in Großstädten. Daher fuhren sie nach León, wo sie heute Morgen ihre Tageswanderung begannen, und wollen bis Burgos gehen. Wir können uns die Überfüllungen, von denen die beiden berichten, nicht recht vorstellen. Wir glauben sie kaum, da wir außer in der Herberge von Santo Domingo de la Calzada keine Schwierigkeiten hatten. Meine Frage, ob es ihnen denn nicht darauf ankomme, Santiago zu sehen, beantworten sie souverän und abwehrend: Das Ziel sei doch nicht das Ziel, vielmehr der Weg sei das Ziel. Bei ihrer Kompetenz, Botschaften zu vermitteln, klingt das sehr überzeugend. Sie wandern bei der Arbeit, sie sind keine Pilger.

Das überraschendste Erlebnis dieses Nachmittags, der weniger langweilig ausfällt, als wir befürchteten, widerfährt uns kurz vor Reliegos. Das Singen der Grillen wird durch ein dumpfes Brummen übertönt, als flöge ein Schwarm Maikäfer heran. Von Norden naht langsam und in niedriger Höhe ein Passagierflugzeug, das von Propellern angetrieben wird und im Anflug auf León ist. Es nimmt seinen Kurs genau über uns hinweg. Wir reißen, ohne es verabredet zu haben, alle gleichzeitig im Übermut die Arme hoch und winken gestenreich. In einer ernsteren Verfassung oder wenn uns bei dieser kindlichen Gefühlseruption jemand zusähe, schämten wir uns wahrscheinlich der Unsinnigkeit zu glauben, in der Maschine würde jemand von uns hier unten Notiz nehmen. Es geschieht auch nichts, wie es zu erwarten war. Doch plötzlich klappt die schwere Verschlusstür des Radkastens herunter, die Piloten senden über das Flutlicht der Landeleuchten drei Mal ein kurzes Lichtsignal zu uns herunter, das selbst bei dem grellen Tageslicht unübersehbar hell ist. Dann schließen sie den Radkasten wieder. Wahrscheinlich ist Berufsfliegen nicht weniger langweilig als Pilgern auf der Platanenchaussee. Die Piloten werden sich einen Sport daraus gemacht haben, Pilger auf dem Jakobsweg zu entdecken. Uns begleiten aufmerksame Beobachter, die über das Land schauen, von dem wir ein Teil sind. Die weiteren Kilometer gehen sich plötzlich viel leichter!

Als wir Mansilla de las Mulas erreichen, ist es siebzehn Uhr. Obwohl es immer noch heiß ist, wir jetzt zehn Stunden auf den Beinen sind und fast vierzig Kilometer zurückgelegt haben, fühlen wir uns noch sehr kräftig. Wir betreten den Ort durch eine schmale Gasse, die von hohen alten Mauern flankiert wird. An dieser Stelle stand einmal das Jakobstor, von dem nur noch Reste übrig sind. Der Zusatz „Mulas" im Ortsnamen weist darauf hin, dass hier der Viehmarkt der Region stattfand, der hauptsächlich auf den Handel mit Mauleseln spezialisiert gewesen sein muss.

Durch ein Tor betreten wir den großen Innenhof der geräumigen Gemeindeherberge. Unsere Überraschung ist grenzenlos, als wir auf dem Weg zu den Duschen „den Franzosen" treffen, der angibt, schon seit einer Stunde in der Herberge zu sein. Wir versagen uns weitere Nachfragen, da wir höflich bleiben wollen, sind aber ungläubig, wie er die Strecke von Sahagún hierhin zu Fuß so schnell schaffte. Heute Morgen schlief er noch, als wir losgingen. Auf der Platanenchaussee des Real Camino Francés hat er uns nicht überholt. So bleibt die Alternative, dass er die Via Traiana gepilgert ist. Darüber schweigt er sich jedoch aus, als wir mit ihm über die Strecke reden. Wir können nicht in Erfahrung bringen, wie er es anstellte, vor uns hier zu sein.

Im Schlafraum, im Hof der Herberge, beim Abendessen im Ort, beim Eis in einer Straßenbar, dann wieder im Hof der Herberge und zur Übernachtung im Schlafsaal begegnen wir dem deutschen Pärchen Marianne und Michael. Sie fallen überall auf, weil sie sich andauernd laut streiten. Dabei geht es um Nichtigkeiten: Warum er die Seife in die hintere Rucksacktasche steckte und nicht neben den Kulturbeutel? Warum sie die frischen Socken nicht nach oben packte, sondern irgendwo in den unteren Teil des Rucksacks? Warum er im Restaurant den Tisch am Ventilator zum Abendessen aussuchte, wo ihr jedes Mal der Kragen des Kleides hochgeblasen wird, wenn der Ventilator die Luft auf ihren Rücken wirft? Warum sie das Kleingeld zum Bezahlen nicht mitnahm? Warum, warum, warum...? Wir fragen uns, warum die beiden eigentlich zusammen sind – und dann auch noch auf dem Jakobsweg. Dass sie sich so ungeniert und lauthals beschimpfen, liegt wohl daran, dass sie glauben, um sie herum würde niemand Deutsch verstehen. Wir halten uns zurück und geben uns nicht als Landsleute zu erkennen.

Pablo, der jeden Tag angeblich etwa vierzig Kilometer geht und in Frómista seine Füße in Essig badete, streift im Hof der Herberge herum. Er ist schon, wie er sagt, seit Mittag in der Herberge. Er liegt in seinem Zeitplan fast einen Tag zurück; dieser wird am Abend noch mehr durcheinander geraten.

Kurz bevor wir zu Bett gehen, findet sich eine Schar von Pilgern im Innenhof der Herberge ein. Sie hocken in gelöster Atmosphäre zusammen und palavern mit leicht angehobenen Stimmen. Es ist noch warm, sodass sie angenehm im Freien sitzen und keine Lust verspüren, schlafen zu gehen. Rotweinflaschen machen die Runde, zu der sich auch Marianne und Michael, Pablo und – völlig überraschend – „der Franzose" eingefunden haben. Pablo dreht, je mehr Alkohol er trinkt, immer stärker auf. Marianne findet ihn hinreißend, auch wenn sie kein Wort Spanisch versteht, sondern nur spekuliert, was Pablo gesagt haben müsste. „Der Franzose" ist so gesprächig, wie wir ihn in all den Tagen kein einziges Mal erlebten. Wir sind überrascht, dass sein Wörtervorrat bis spät in die Nacht hinein reicht.

Als wir schon lange im Bett sind, hören wir die Stimmen der vier, die immer lauter werden, deutlich aus der Schar heraus. Um ein Uhr nachts schmettern sie – nach noch mehr Alkohol – Lieder, die nach ein paar Zeilen im Sprachgewirr der Herkunftsländer ersticken. Das spornt sie geradezu an, neue Lieder anzustimmen, die sie mehr lallen als singen. „Der Franzose" hat dem Alkohol sehr zugesprochen, er formt die Bruchstücke seiner Sätze im Stakkato. Marianne kichert immerzu laut. Michael ist fast verstummt und meldet sich nur noch eruptiv zu Wort. Pablo hat zu viel getrunken und verfällt ins Grölen. Es ist das Ventil, durch das sich Belastungen und Einsamkeit, den Jakobsweg zu meistern, Luft und Befreiung verschaffen. Zum ersten Mal kommen mir Bedenken, was die Anwohner einer Herberge empfinden, wenn sie in der Weise gestört werden. Sie können es doch nicht mehr als Segen betrachten, am Jakobsweg zu wohnen.

Von Mansilla de las Mulas nach Villadangos del Páramo

Kurz vor sieben Uhr gehen wir zum Innenhof der Herberge hinunter. „Der Franzose", Pablo, Marianne und Michael schlafen noch. Ihnen steckt der Alkohol in den Gliedern.

Am Ausgang treffen wir auf einen jungen Spanier, der scheu Kontakt zu uns sucht. Juan, so heißt der Junge, ist dreiundzwanzig Jahre alt. Er ist zurückhaltend und unterhält sich sehr höflich mit uns. Er stammt aus Huelva, einer südspanischen Stadt in der Nähe der portugiesischen Grenze. In Salamanca studiert er Informatik, kommt aber, wie er betont, aus einer Familie, die nicht über viel Geld verfügt. Juan erzählt von seiner Vaterstadt und warum er den Jakobsweg geht.

Die Umgebung von Huelva hat er oft erwandert. Das flache weite Land, die mit hohen Gräsern bewachsenen Kanalränder und die Tiefdruckgebiete, die hier vom Atlantik aus den Weg über den europäischen Kontinent nehmen, erzeugen eine faszinierende Landschaftsstimmung, die Sehnsucht nach Weite und Ferne weckt. Schwärmerisch erzählt er von seinen Besuchen im Coto Doñana, jenem ruhigen Naturschutzgebiet am Atlantik, in dem man eine prächtige Vogelwelt beobachten kann. Sein Fernweh nimmt nahezu leidvolle Züge an, als er von den großen Dünen an der Playa de Matalascañas berichtet. Sie werden vom Sand der Sahara aufgeschichtet, den der Wind von Süden über das Meer mit sich trägt und hier an der spanischen Atlantikküste niederrieseln lässt. Sie wandern in die Pinienwälder hinein und überrollen sie für Jahrtausende, bis das Holz als Kohle wieder freigegeben wird. Auf den hohen Dünenkronen im weichen Sand zu stehen und hinaus aufs Meer zu blicken, befreie ihn innerlich und erfülle ihn mit großer Kraft.

In der Weite laufen, laufen und immerzu nur laufen, ist seine größte Passion. Er bricht so aus der räumlichen und geistigen Enge seiner Familie aus. Das Studium in Salamanca, beteuert er, mache ihm viel Spaß. Er sei darin auch recht erfolgreich, wie er auf mein Nachfragen bescheiden mitteilt. Jedoch ziehe es ihn in den Semesterferien, sobald er frei habe, auch von dort sofort in die Weite. Als ich ihm sage, dass ich ihn beneide, weil Salamanca mit der Plaza Mayor einen der schönsten Plätze der Welt besitzt, wehrt er ab. Entspannt auf den Stühlen der Cafés im Freien zu sitzen, sei ja gelegentlich ganz nett. Aber es gehe ihm manchmal zu laut zu. Der geschlossene Platz mit Arkaden, Balkonen, endlosen Fensterreihen und den Fassadenmedaillons, in denen die Konterfeis spanischer Könige abgebildet sind, beenge ihn auf die Dauer ebenso wie sein Zuhause.

Ein Freund hat ihm angeboten, mit nach Frankreich zu fahren und den Mont Blanc zu besteigen. Es müsste überwältigend sein, von diesem höchsten Berg Europas auf die Welt hinabzuschauen. Aber beim Aufstieg ginge es durch enge Täler der Alpen und nur langsam voran, bis sich der Blick über die Bergwelt endlich weit öffne. Er habe auch nicht gewusst, das Geld für die Reise zusammenzubringen. So geht er viel lieber auf dem Camino de Santiago, insbesondere in der kargen und weitflächigen Gegend zwischen Burgos und Astorga. Hier ziehe es ihn immer wieder hin, um zu laufen, zu laufen, grenzenlos zu laufen! Er hinterlässt den bestimmten Eindruck, dem Leben und seinen Herausforderungen keineswegs davonzulaufen. Er läuft vielmehr, um sich den Blick für Chancen und Entwicklungen seiner Zukunft frei zu halten. Ich bewundere ihn in seiner konsequenten Bescheidenheit. In vielem, was er mir erzählte, habe ich meine eigene Entwicklung wieder erkannt.

Durch Vororte betreten wir die Stadt León und kommen an Fabriken der Kleinindustrie vorbei. Die Arbeiter haben Pause und stehen auf den Bürgersteigen, essen ihre Brote und trinken dazu Wasser aus Tonkrügen. Verwundert stellen wir fest, dass „der Franzose" hinter uns herstolpert. Sein Schritt ist noch schwerer als an den Tagen zuvor. Obwohl es sehr warm ist, schwitzt er nicht. Manche der umherstehenden Arbeiter erbarmt es zu sehen, wie er sich dahinschleppt, und sie springen mit ihren Krügen herbei, um ihm Wasser zu reichen. Sein Verhalten ist sonderbar, ja theatralisch. Mit verlangsamtem Schritt stolpert er weiter, formt die Lippen nur leicht vor und hebt den Kopf etwas an, um anzudeuten, dass er Durst hat. Zwei Arbeiter versuchen, während sie einige Meter neben „dem Franzosen" dahertänzeln, ihm kunstfertig aus den schmalen Ausgüssen der Krüge das Wasser in den offenen Mund zu gießen. Das meiste Wasser läuft daneben. Das peinliche Schaustück ruft bei den hilfsbereiten Arbeitern Kopfschütteln hervor; sie brechen ihre gut gemeinte Hilfe nach wenigen Schritten ab.

Wir argwöhnen, dass „der Franzose" nicht zu Fuß zu uns aufgeschlossen haben kann. Er ist erst einige Zeit nach uns aufgebrochen. Auf dem weit überschaubaren Pilgerweg erblickten wir ihn hinter uns nie. Er muss sich von Mansillas de las Mulas bis León streckenweise eines Beförderungsmittels bedient haben! Für seine komödiantenhafte Aufführung haben wir kein Verständnis. Er müsste doch Zeit haben, bei den Arbeitern stehen zu bleiben und das dargebotene Wasser mit Würde und in Dankbarkeit zu trinken. Schließlich erfordert Pilgern ja keine fliegende Proviantversorgung wie Marathon oder Radrennen. Unsere enttäuschendste Begegnung mit ihm ist zugleich auch die letzte. Wir sehen ihn nicht mehr wieder.

Die im romanischen Stil erbaute und sehr berühmte Königliche Basilika des Hl. Isidor in León geht auf tiefe historische Wurzeln zurück. Nach einer außerordentlich wechselhaften Geschichte der Zerstörung der Stadt durch die Mauren, der Rückeroberung und des Wiederaufbaus durch die Könige von Asturien und León sowie zahlreicher kriegerischer Auseinandersetzungen mit Kastilien gewinnt schließlich Ferdinand I., ein Sohn des mächtigen Sancho Garcés von Navarra, im Jahre 1037 die Oberhand über León und wird erster König von Kastilien und León. Unter seiner Herrschaft erblüht die Stadt zu einem christlichen Zentrum Spaniens. Zusammen mit seiner Frau Doña Sancha lässt er die Basilika Mitte des elften Jahrhunderts erbauen. In ihr werden die Reliquien des bedeutenden Kirchenlehrers Isidor aufbewahrt, der im sechsten Jahrhundert in Cartagena geboren wurde und später Erzbischof von Sevilla war. Die Gebeine waren Teil eines Tributes, den der maurische Herrscher Abbad al Mu'-tadid des Taifates von Sevilla Ferdinand I. schuldete. Ferdinand I. ließ den Hl. Isidor von Sevilla nach León überführen.

Die Krypta beherbergt eine Königsgruft, in der dreiundzwanzig Herrscher des Königreiches León bestattet sind. Die

Freskenmalereien an den Gewölbedecken und Wänden, in denen die Farben rot, blau und gelb vorherrschen, sind von einzigartiger Schönheit.

Erschreckend ist der Bethlehemitische Kindermord. Die Soldaten des Herodes setzen mit ihren Schwertern zwar nur zum Töten an, indem sie die Kinder am Schopf hochhalten und die Leiber mit einem Hieb von den Köpfen abzutrennen drohen, aber die Fantasie des Betrachters reicht aus, sich die Grausamkeit der vollendeten Tat auszudenken. Die Malerei mahnt zur Wachsamkeit gegenüber allen Gefahren, die den Christen drohen, die mit der Besiegung der Mauren vorübergehend vergangen waren, jedoch in neuem Gewand wiederkehren könnten.

Ästhetisch sind die Temperamalereien, die das letzte Abendmahl und die Verkündigung an die Hirten darstellen. Die Gewölbevierungen sind so eng, dass der Maler darauf verzichten musste, alle Jünger um die Tafel herum zu bringen. Manche schweben von oben zum Tisch heran, zwischen ihnen ein Hahn. Er deutet an, dass Christus schon während des Abendmahls Petrus prophezeit, er werde ihn noch heute nach der Gefangennahme dreimal verleugnen, bevor der Hahn kräht. Das Fresko, das die Verkündigung an die Hirten darstellt, bewundern wir am meisten. Hirten und Tiere sind spielerisch über die Gewölbevierung verteilt. Die Hirten ruhen und füttern Hunde, während zwei Geißböcke vor einem Busch hoch aufgestellt im Kampf mit den Hörnern verkeilt sind.

Unser Weg führt uns weiter zur Kathedrale Santa María de la Regla. Mit ihrem Bau wurde Anfang des dreizehnten Jahrhunderts begonnen. Sie ist ein meisterhaftes und überwältigendes Bauwerk spanischer Frühgotik. In der hellen Mittagssonne sticht der blendend weiße Stein des Gotteshauses ins Auge. Wir ahnen nicht, welche Eindrücke uns im Inneren der Kirche erwarten. Das Hauptportal wird von einer gewaltigen

Darstellung des Jüngsten Gerichts überragt. Die seitlichen Portale sind dem Heiligen Johannes und dem Heiligen Franziskus gewidmet. Franz von Assisi war selbst erst einige Jahre zuvor – nämlich 1213 – zum Apostelgrab nach Santiago gepilgert und an dieser Stelle vorbeigekommen, an der der Neubau der Kathedrale in Angriff genommen wurde.

Den wahren Charakter der Kathedrale erfahren wir erst, als wir die Kirche betreten. Sie scheint nur aus Fenstern zu bestehen, die in schmale, hoch aufstrebende Pfeiler eingefügt sind. Es ist erstaunlich, dass das filigrane Bauwerk nicht zusammenfällt, wenn es Öffnungen für einhundertzwanzig hohe Kirchenfenster, für siebzig Rundfenster und drei große Rosetten gewährt. Aus Millionen farbiger Glasstücke sind die Ornamente der Fenster und die Szenen aus dem Alten und Neuen Testament zusammengesetzt. Unsere Augen werden von der Fülle der Eindrücke, der überbordenden Komposition aus Licht und Farbe so getrieben, dass wir nicht wissen, welche Motive wir länger ansehen sollen. Die Glasflächen strahlen in der Sonne in vielen Farben, die von Gelb über Rot zu kühlem Blau wechseln. Zu jeder Tageszeit leuchtet eine andere Fensterseite. Und abends, wenn das Gotteshaus in vollem Lampenlicht steht, sieht die Kathedrale wie eine riesige Fackel aus, an deren unzähligen bunten Lichtern man sich nicht satt sehen kann.

Nachdem wir in der Basilika und der Kathedrale die Stempel in unsere Pilgerpässe eingedrückt bekommen haben, sind die Pässe voll. Es gibt kein freies Feld mehr, in das die nächste Bestätigung unserer Pilgerreise eingetragen werden könnte. Ein freundlicher Domvikar gibt uns den Hinweis, dass wir in der Bischöflichen Verwaltung gegenüber der Kathedrale zusätzliche Exemplare der Pilgerpässe erhalten können. So suchen wir das Kirchliche Notariat des Bistums León auf und treffen einen hilfsbereiten Diakon an, der diese

Exemplare ausstellt. Allerdings nimmt das einige Zeit in Anspruch. Nicht, weil es so lange dauert, die Pässe auszustellen, vielmehr lässt sich der besorgte Priester, während er die erforderliche Büroarbeit erledigt, von uns berichten, welche Erlebnisse wir auf der Pilgerreise hatten und ob wir in den Herbergen gut untergebracht und behandelt wurden. Nach dem nächtlichen Erlebnis in der staatlichen Herberge von Sahagún erfahren wir in diesem Kirchlichen Notariat so das zweite Mal innerhalb weniger Tage, dass staatliche und kirchliche Institutionen in Spanien die Obhut der Pilger ernst nehmen und kontrollieren, ob es Beanstandungen gibt. Wer reinen Gewissens den Jakobsweg geht, kann sich über so viel Wachsamkeit zum persönlichen Schutz nur freuen!

Das Hostal San Marcos liegt an der Brücke über den Fluss Bernesga. Das lang gestreckte Gebäude wurde im sechzehnten Jahrhundert im Renaissancestil errichtet. Ferdinand V., dem zusammen mit seiner Frau Isabella I. die Beinamen „Katholische Könige" gegeben wurden, ließ das Kloster im platteresken Stil als Konvent der Santiago-Ritter erbauen. Angegliedert war ein großes Pilgerhospiz, das zu jener Zeit eines der prächtigsten am ganzen Jakobsweg war. Die prunkvolle Fassade, die mit Ornamenten, Portraitsmedaillons, Säulen und Festons reich geschmückt ist, leuchtet in der Sonne. Heute ist in der ehemaligen Klosteranlage ein Luxushotel untergebracht, das zu den schönsten Hotels am Pilgerweg zählt.

Als wir eintreten, um nur einen kurzen Blick in das glanzvoll ausgestattete Hotel zu werfen, lädt uns der Empfangschef sehr freundlich ein, in den mittelalterlich aussehenden Sesseln Platz zu nehmen. So sitzen wir verschwitzt und mit reichlich Straßenstaub auf den klobigen Wanderschuhen entspannt in den komfortablen Sesseln, freuen uns auf zwei Kännchen Kakao und zwei Coca Cola, die im Verhältnis zur Luxuriösität der Nobelherberge die lächerliche Summe von sieben Euro kosten. Während wir unsere Getränke schlürfen, betrachten wir mit Stolz den hübschen Stempel des Hostal San Marcos, den ersten Eintrag in unsere neuen Pilgerpässe. Er zeigt ein Banner, geheftet an einen Pilgerstab mit Kalebasse und Jakobsmuschel.

Nachdem wir die Dreiviertelstunde unserer angenehmsten Pilgerpause genossen haben, setzen wir um halb drei unseren Weg fort. Der Gegensatz könnte nicht brutaler sein: Als wir aus dem Hostal heraustreten, verschlägt uns die Mittagshitze fast den Atem. Die Sonne sticht in die Augen und brennt auf den Nacken. Etwas mehr als zwanzig Kilometer liegen bis nach Villadangos del Páramo noch vor uns.

Hinter León führt der Jakobsweg auf das Páramo hinauf, eine öde Hochebene, die der Gegend den Namen gibt. Nach gut einer Stunde erreichen wir die Ortschaft Virgen del Camino. In ihr liegt das Heiligtum gleichen Namens, um das herum der Ort nach und nach entstanden ist. Das Sanktuarium der „Hl. Jungfrau vom Wege" geht auf das sechzehnte Jahrhundert zurück. Zu jener Zeit soll die Jungfrau hier einem Hirten erschienen sein und ihm aufgetragen haben, dieses Heiligtum zu bauen. Die moderne Kirche, die man an dieser Stelle heute bewundern kann, wurde im Jahre 1961 errichtet.

An der Vorderfassade beeindrucken gewaltige, sechs Meter hohe Figuren der zwölf Apostel und der Jungfrau Maria. Die monumentalen Bronzestatuen, von denen jede rund siebenhundert Kilogramm wiegt, sind erstklassige Arbeiten einer modernen Epoche spanischer Sakralbaufiguren, die in ihrer Gestalt von den Ideen des katalanischen Architekten Gaudí inspiriert sind.

Vor dem Sanktuarium liegt ein großer Platz, der eine attraktive Sicht auf die Kirche bietet. Ob es diese Perspektive ist, wir wissen es nicht, aber dieselben Erfrischungsgetränke kosten hier in einer Bar an einfachen Plastiktischen ebenso viel wie im Vestibül des Hostal San Marcos! Unterstellen wir einmal, die Preise in der Bar seien reell, dann sind wir im Luxushotel offensichtlich beschenkt worden.

Die Herberge von Villadangos zählt zu den neu errichteten staatlichen Unterkünften, für deren Bau Geld von der UNESCO aufgebracht wurde. Das längliche Gebäude ist geräumig und hell. Allerdings zeugen Architektur und Einrichtung nicht gerade von besonderem Einfallsreichtum. Der nüchterne Baustil betont den Eindruck der Halle, in der es laut zugeht. Ruhe und Geborgenheit sucht man hier vergeblich. Hochgemauerte Nischen sind mit sechs Betten ausgestattet, von denen jeweils drei an den gegenüberliegenden Wänden übereinander montiert sind. In schwachen Stahlfederrosten biegen sich die dünnen Matratzen durch. Wir sind froh, unsere Winterschlafsäcke als Unterlagen nutzen zu können. Da die Herberge stark belegt ist, müssen wir auf der zweiten und dritten Lage der Hochbetten unsere Nachtlager beziehen.

Mit Neugier und Spannung lese ich die Zettel, die an die Pinwand geheftet sind. Pilger berichten schwärmerisch von ihrer Begegnung mit Kim Basinger. Ich wusste nicht, dass der weibliche Star der glitzernden Filmwelt in diesem einsamen Ort weilte und – wie Shirley McLaine – den Jakobsweg wanderte. Doch nach den begeisterten Schilderungen auf den Zetteln wäre ich auch gerne bei diesem Treffen mit dem erotischen Superweib aus Hollywood dabei gewesen. Die Berichte verraten, dass manche Pilger mit Hormonen zu kämpfen hatten. So ist ihnen die Fantasie durchgegangen. Sie haben von einem intimen tête-a-tête mit dem Kurvenstar geträumt. Der Wirklichkeit entbehren solcherlei Träumereien nicht: Immerhin hat Papst Gregor XI. im vierzehnten Jahrhundert den Frauen die Pilgerreise nach Santiago de Compostela untersagt, weil die Kirche der Pilgerprostitution

Herr werden wollte. Und wie es dem Jüngling aus Xanten erging, der das sexuelle Begehren einer Herbergstochter nicht erhörte, davon berichtet das Wunder von Santo Domingo de la Calzada. Auch in dem Herbergsbuch, das ich flüchtig durchblättere, finde ich überschwängliche Eintragungen, deren Schreiber Kim Basinger dafür danken, dass sie die Gunst erhielten, ihr Gast zu sein. Mich irritiert diese Häufung von Berichten, und ich kann mir keinen Reim darauf machen.

Die Herbergsmutter empfiehlt uns, in der Bar „La Fonda" zu Abend zu essen. Wir sind für die Empfehlung dankbar und suchen die kleine Gaststätte auf. Als wir schon eine Weile dasitzen, betritt die Wirtin den Gastraum, um die Bestellung aufzunehmen. Sie trocknet noch flüchtig die Hände an ihrer Schürze, die sie über ein einfaches, aber adrettes Leinenkleid mit dezenten Karos trägt. Beinahe schon mütterlich wendet sie sich uns zu. Sie ist jung, hat hellblonde, gewellte Haare, die mit Klammern seitlich gehalten werden. Sie sieht außerordentlich hübsch aus, schlank und wohl proportioniert. Als ich ihr länger ins Gesicht schauen kann, bin ich verblüfft. Ihre weich geformten Gesichtszüge, die leicht gewölbten Wangen, eine fein geschnittene Nase, die Stellung der Augen und die vollen Lippen ihres Mundes lassen sie tatsächlich Kim Basinger zum Verwechseln ähnlich aussehen! Jetzt wird mir klar, dass die Wirtin die Auflösung des Rätsels ist, das mir vorhin die Zettel an der Pinwand und die Eintragungen im Herbergsbuch aufgaben. Die junge Wirtin scheint um die Wirkung ihrer Ähnlichkeit mit dem Filmstar zu wissen. Als ich ihr einen Augenblick zu lange ins Gesicht schaue, schlägt sie ihre Augen verlegen nieder. Sie ist ein herrliches Geschöpf aus dem Páramo.

Von Villadangos del Páramo nach Astorga

Auf den sieben Kilometern zum Ort Puente de Órbigo verläuft die Nationalstraße schnurgerade zwischen Büschen und niedrigem Baumwerk. Über dem Asphalt glänzt in der Ferne ein gelber Fleck, der das Ende des Wegs markiert. Schritt für Schritt nähern wir uns ihm, dennoch scheint es, als wenn wir nicht vorankämen. Ich wüsste nur zu gerne, was sich hinter dem gelben Punkt verbirgt.

Mit zwiespältigem Gefühl strebe ich dem Fleck zu. Ist es angenehmer, möglichst weit am Horizont einen Zielpunkt festmachen zu können, oder wäre es besser, die Wegstrecke nicht einsehen zu können? Das Ziel vor Augen, kann man sich von ihm antreiben lassen, es zügig zu erreichen. Frustrierend ist aber, ihm scheinbar kaum näher zu kommen, auch wenn man schon eine ganze Weile gegangen ist. Im anderen Fall kann man sich von der Illusion motivieren lassen, hinter der nächsten Wegbiegung sei man schon sehr viel näher am Ziel, ahnt aber nicht, wie viele solcher Wegbiegungen noch vor einem liegen.

Ich finde keine zufrieden stellende Antwort. Sie mag vielleicht davon abhängen, ob man mehr Spaß an der der Bewältigung der Strecke hat oder ob man sich lieber vom ihrem interessanten Verlauf ablenken lassen möchte. Die Überlegungen münden in die widerstreitenden Standpunkte, ob das Ziel oder der Weg das Ziel sei. In meiner Fantasie entfacht sich unter den Pilgern, die bisher den Jakobsweg mit uns gegangen sind, eine heftige Diskussion zwischen den Verfechtern dieser beiden unterschiedlichen Auffassungen. Jacques aus Annecy, Peter und Sarah aus den USA, Adrian, meine Söhne und ich von der Koalition der Zielbewussten argumentieren lautstark gegen Reinhold aus Deutschland, den Fremden aus Vitoria, die Werbefachleute aus Deutschland, Juan aus Huelva sowie gegen meine Frau von der anderen

Fraktion. Wir gewinnen anscheinend spielend die Oberhand über den Standpunkt der weniger Zielbewussten, denn schließlich macht es doch gerade das Wesen eines Wegs aus, dass er dahin führt, wohin man will. Die Opponenten aber geben ganz im Sinne der Philosophie K'ung-fu-tzus zu bedenken, dass der Weg selbst auch Spaß machen muss, sonst hätten sie keine Lust, ihn zu gehen. Sie meinen es durchaus ernst damit. So wäre die ganze Pilgerreise um vieles ärmer, wenn die Verfechter dieser Auffassung den Jakobsweg aus Protest gegen die Leistungsbesessenen nicht gehen würden, man ihnen nicht begegnete und auf ihre Gedanken und die Gespräche mit ihnen verzichten müsste! Wie fad wäre also wohl das Ziel, wenn der Weg dahin ohne Reiz wäre!

Die Zeit ist vergangen, der gelbe Fleck hat sich inzwischen zu einer geräumigen Parkvilla entwickelt. Hier müssen wir nach rechts abbiegen, um die römische Brücke über den Fluss Órbigo zu passieren, die uns in die Ortschaft Hospital de Órbigo hineinführt. Die Brücke, die in zahlreichen Bögen den Fluss überspannt, muss schon von alters her eine besondere strategische Bedeutung gehabt haben. Den Römern diente sie als Verbindung zur Silberstraße, die etwas weiter westlich von Sevilla über Mérida nach Norden verläuft. Von Kämpfen an dieser Stelle zwischen Sueben und Westgoten sowie zwischen Mauren und Asturern wird berichtet. König Alphons III., ein Nachfolger auf dem Königsthron von Asturien und León, der von dem berühmten Feldherrn Pelayo begründet wurde, setzte sich hier gegen die Truppen des Kalifats von Córdoba durch. Doch der eigentliche Ruhm der Brücke als Passo Honroso (Weg der Ehre) geht auf ein Ereignis im Jahre 1434 zurück.

In einem Wettstreit soll der Ritter Suero de Quiñones aus León mit neun Gefolgsleuten einen Monat lang die Brücke erfolgreich gegen alle Ritter Europas verteidigt haben, die sich ihm und seinen Mannen stellen wollten. Sein Mut und seine Ausdauer, die der Verzweiflung über eine verschmähte Liebe zu einer schönen Frau entsprangen, sind zweifellos beachtlich und rühmenswert. Aber wenn man heute über die lange und enge Brücke pilgert – sechs römische Legionäre breit –, dann wundert mich der Erfolg seiner Tat nicht sehr. An zehn bis an die Zähne bewaffneten Rittern kommt man hier nicht vorbei. Glaubt man den hübschen Herbergsstempeln von Hospital de Órbigo, dann waren die Kämpfe kompliziert, da sie offensichtlich zu Pferde stattfanden. Die Schauhändel waren jedoch stets auf ein versöhnliches Ende ausgerichtet. Quiñones und seine Kombattanten sollen anschließend zusammen mit allen Wettkampfgegnern zum Apostelgrab nach Santiago de Compostela gepilgert sein.

Der Name Hospital de Órbigo deutet auf die Funktion und lange Tradition des Ortes am Pilgerweg hin. Es gab nicht nur Übernachtungsmöglichkeiten sondern auch Krankenunterkünfte, in denen schwache und kranke Pilger gepflegt wurden. An der Hauptstraße liegt eine schöne kleine Herberge, die in letzter Zeit mit viel Sorgfalt und Geschick renoviert wurde. Der Innenhof ist mit unregelmäßig großen Flusssteinen gepflastert. Laubengänge, die auf glatt behauenen, einfachen Holzsäulen aufgeständert sind, werden nach oben durch leichte Erkerfronten aus Glas fortgesetzt. Die Herberge bietet das richtige Ambiente für kontemplative Stunden einer Pilgerreise!

Für die Bauern der Umgebung ist heute das wichtigste Ereignis, dass die Felder bewässert werden. Sie erhalten Wasser aus dem nahe gelegenen Kanal. Viele Landwirte reinigen die Wasserkanäle ihrer Felder. Mit besonderer Sorgfalt glätten sie die Ränder der Erdrinnen. Manche verrichten die Arbeit in Kolonnen. Der Zeitdruck macht Nachbarschaftshilfe erforderlich, von der es scheint, wenn man Arbeitsrhythmus und Vorgehensweise genauer beobachtet, dass sie schon seit ewigen Zeiten vorteilhaft eingeübt ist. Das gleichförmige Graben, Harken und Klopfen formiert sich zu einem Takt von Blechinstrumenten, zu dem nur noch die Töne fehlen, um lebendige Bauernmusik zu vernehmen. Das Gebiet muss sehr fruchtbar sein. Es wird nur Gemüse angebaut.

Der Weg steigt auf Stein- und Sandböden zwischen Büschen und Steineichen allmählich zur Höhe des Monte de la Colomba auf. Es ist heiß, die Sonne wird vom Sand grell reflektiert. Das matte Grün der Büsche hebt sich gegen den blauen wolkenlosen Himmel ab. Acht Kilometer sind es bis zum nächsten Ort San Justo de la Vega, die durch Wald und über ein Hochplateau führen. Die Strecke ist landschaftlich abwechslungsreich aber einsam. Man ahnt nicht, dass die Nationalstraße nur knapp einen Kilometer entfernt verläuft. Man könnte sich ebenso gut in einem Nationalpark befinden.

Kurz vor San Justo de la Vega bricht das Hochplateau ab, vier Kilometer vor uns liegt die Stadt Astorga, unser Tagesziel. In Umrissen können wir über den Resten der römischen Befestigungsmauern die Türme des Bischofspalastes und der Kathedrale ausmachen. Es ist zwei Uhr; noch zu früh, um uns jetzt schon eilends um ein Nachtquartier in dieser Stadt bemühen zu müssen, und wahrscheinlich schon zu spät, um in der Herberge noch ein Bett zu bekommen. So beschließen wir, uns an einer Baumgruppe niederzulassen und etwas auszuruhen.

Um vier Uhr nachmittags erreichen wir die Herberge der Holländischen Brüder in Astorga. Als wir die Tür zu dem großen Schlafsaal aufdrücken, sehen wir, dass die Herberge voll belegt ist. Die zwei Etagen hohen Doppelbetten sind in der geräumigen Halle dicht hintereinander gesetzt und in engen Reihen angeordnet. Zwei schmale Quergänge führen zu den Betten und Fenstern, durch die diffuses Sonnenlicht einfällt. Die Szene wirkt gespenstig. Verschwitzte Hemden und

Herberge in Hospital de Órbigo

Templerburg von Ponferrada

Unterwäsche sind kreuz und quer über die Enden der Eisenbetten gelegt, sie gleichen chaotische Auslagen von Textilwürsten. Von den Betten hängen Wäschestücke herab, festgeklemmt an den Federrahmen. Im Gegenlicht spannen sich die Wäscheteile wie Volants durch den Raum. Die Gänge sind von Rucksäcken und Pilgergepäck verstopft. Auch auf den Betten liegen Teile unordentlich abgelegt herum. Trotz der geöffneten Fenster ist die Luft stickig und riecht säuerlich nach Schweiß. Man glaubt, dass sie dampft. Auf den ersten Blick sieht der Herbergssaal wie ein verlassenes, geisterhaftes Gefangenenlager aus; es ist unheimlich ruhig. Als sich unsere Augen allmählich an das Gegenlicht gewöhnen, erkennen wir, dass die unordentlich verteilten Sachen auf den Betten in Wirklichkeit Pilger sind. Sie ruhen oder lesen. Die Herberge ist noch viel voller als die in Santo Domingo de la Calzada vor neun Tagen.

Im siebten Jahrhundert soll es in dieser Stadt über zwanzig Hospize gegeben haben. In unserem Pilgerführer ist aber nur die eine Herberge aufgeführt, und so haben wir keine andere Chance, als uns nach einer kleinen Pension umzusehen. Die Entscheidung fällt schnell: Wir entschließen uns für die Pension „La Peseta" mitten in der Stadt.

Nach der Anmeldung besichtigen wir den Bischofspalast von Astorga, der Anfang des zwanzigsten Jahrhunderts von dem katalanischen Architekten Gaudí im Stil der Neugotik errichtet wurde. Ein kreuzförmiger Grundriss, runde wehrhafte Türme in den Ecken der Vierung, aus dem Mauerwerk hervorspringende Pfeiler sowie klobige, aber regelmäßig behauene Blöcke aus gelbem Sandstein geben dem Gebäude den Charakter einer uneinnehmbaren Schutzburg. Das stark gegliederte, durch viele schmale Fenster durchbrochene Mauerwerk und die mächtigen trichterförmigen, nach außen breit aufgeworfenen Eingänge machen den Eindruck, man stünde vor einer neuzeitlichen Kathedrale, die in Konkurrenz zur gotischen Kathedrale genau daneben errichtet wurde. Das Mauerwerk wirkt im Schatten kalt und abweisend; die Partien im milden Licht der Nachmittagssonne nehmen dem Gebäude einiges von seiner Monumentalität. Im Palast befindet sich das Museum der Jakobswege. Viele Schriften, Skulpturen und Ausstellungsstücke zeugen davon, dass Astorga ein wichtiger Knoten im weit über Europa gespannten Netz der Jakobswege ist, im Altertum aber auch ein bedeutender Kreuzungspunkt von Handels- und Verkehrswegen war.

Die Kathedrale Santa María können wir aus organisatorischen Gründen – wie es heißt – leider nicht besichtigen. Morgen soll der neue Bischof feierlich in sein Amt eingeführt werden. Über ihn gibt es noch nichts zu berichten. Dafür erzählt der Volksmund umso bereitwilliger über den alten. Er sei ein lebensfroher Mensch gewesen, der gute Kost und fleischliche Genüsse durchaus geschätzt habe. Leider sei er nur sechsundfünfzig Jahre alt geworden. Er habe flaschenweise Whisky getrunken und kistenweise Zigarren geraucht; und das alles nur von bester Qualität – Whisky aus Schottland und Zigarren aus Kuba! So hält sich die Trauer des gemeinen Volkes über den toten Kirchenmann in Grenzen, denn schließlich habe er doch ein schönes und sorgenfreies Leben gehabt. Sein Image in der Stadt hatte ob seiner Gewohnheiten sehr gelitten.

„La Peseta", zu Deutsch „Die Pesete", war die kleinste spanische Währungseinheit und hatte den Gegenwert von kaum mehr als einem halben Cent. Sie wurde von den Spaniern so gering geschätzt, dass man beim Einkaufen statt der vernickelten Blechmünze ein Bonbon als „Rückgeld" erhielt. Sie war so klein, dass sie unbemerkt zwischen den Fingern durchrutschte, wenn man die Hand voller Münzen hatte. Kassiererinnen im Supermarkt führten die monetären Winzlinge nicht mehr gerne in der Kasse. Was also konnte das Motiv sein, die Pension, in der wir übernachten, nach der geringwertigsten aller spanischen Münzen zu benennen? So hätte die Pension im Deutschen abschätzig auch den Namen „Zum Wertlosen Pfennig" tragen können.

Die alte Wirtin erzählt uns während des Abendessens, wie es zu dieser Namensgebung kam. Als sie vor beinahe sechzig Jahren zusammen mit ihrem Mann die Pension aufbaute, war der Wert der Pesete gerade in Parität zum Dollar festgelegt worden. Mit einem schelmischen Lächeln und listigen Augen fragt sie, wenn sie also damals die Pension „Zum Starken Dollar" genannt hätten, käme dann heute einer auf die Idee, es handle sich um eine geringwertige Währungseinheit? Immerhin seien das damals gut zwei Euro gewesen! Der Wert des Dollars habe sich seitdem halbiert, aber leider sei die Pesete wegen wirtschaftlicher Schwierigkeiten fast auf ein Vierhundertstel ihres ursprünglichen Wertes gefallen. Aber was bedeute das schon? Nach der Einführung des Euro hätten alle alten nationalen Währungen sowieso nur noch historischen Erinnerungswert und praktisch dieselbe Abwertung erfahren wie die Pesete.

Die Wirtin, Witwe und bald an die achtzig Jahre, hat das Geschäft längst in die Hände der nächsten Generation gelegt, die die Pension in bewährter Tradition als Familienbetrieb leitet. Trotz eines Hüftleidens, das sie plagt, macht sie einen lebenslustigen Eindruck. Auf der Visitenkarte schmückt sie sich mit dem Beinamen „Die fröhliche Irene". Das Buch ihres berühmten amerikanischen Gastes James A. Michener, der vor fast dreißig Jahren hier logierte, besitzt die Familie in spanischer Übersetzung und verweist nicht ohne Stolz auf die Passagen, die ihrer Pension gewidmet sind. Gefreut haben sie sich über die Erwähnung in der Weltliteratur; besonderen Zulauf und wirtschaftlich größeren Nutzen habe ihnen das aber nicht gebracht. Bescheiden, hilfsbereit und höflich sind sie geblieben, sympathische Gastleute einer Pension am Jakobsweg im Norden Spaniens.

Von Astorga nach Rabanal del Camino

Um sieben Uhr sind schon zahlreiche Pilger unterwegs. Es ist Sommer, schönes Wetter, Ferienzeit und Sonntagmorgen: Keine andere Konstellation vermag auf den letzten dreihundert Kilometern bis Santiago de Compostela derartige Mengen von Pilgern auf den Weg zu bringen! Es sei denn, es wäre ein Heiliges Jahr – dann vervielfacht sich dieser Effekt sogar noch.

Der Jakobsweg schlängelt sich auf den nächsten fünfzehn Kilometern durch das herrliche Somoza-Tal, das am Fuße des Berges Irago entlangläuft und von zwei Bächen durchzogen wird. Der wunderschöne Landstrich – die Maragatería – erhält so viel Wasser, dass selbst nach heißen und trockenen Sommertagen die Wiesenmatten noch weich sind und federn. Auf ihnen gehen wir angenehm zum Ort Santa Catalina de Somoza. Büschel aus Gras, das an den Spitzen zu verdorren beginnt, überziehen den Talboden wie eine Noppenfolie. Der Ginster trägt die letzten Blüten; gelb und dunkelrot schimmern die kugelförmigen Gebilde, die mit hochwachsendem Heidekraut vermischt sind. Die Landschaft ähnelt der Gegend um die Oca-Berge oder dem Aufstieg auf die Pyrenäen. Wir gehen nicht mehr über endlos weite Flächen der Meseta, die selbst den Horizont zu verschlucken drohen. Der Weg ins Bierzo und nach Galicien wird hügelig und grün. Die ersten Bergrücken sind in der Ferne schon sichtbar.

Viele bunte Flecken bewegen sich über die ausgestreckten Wiesenmatten, als ob fleißige Ameisen unterwegs seien, ihre Aufgaben akribisch und flink zu erledigen. Es sind Pilger, die demselben Ziel zustreben, nämlich schnell die Herberge in Rabanal del Camino zu erreichen. Ihre Schritte sind eilig, ja eher schon hastig und gehetzt. Sie treibt die Sorge, vor den anderen Pilgern in der Herberge anzukommen, um noch ein Bett für die Übernachtung zu erhalten. Manche von ihnen schauen fast ärgerlich, als wir – vier Personen – sie überholen. Sie argwöhnen, wir könnten ihnen den Platz in der Herberge wegnehmen. Das Wettrennen mutet grotesk an. Wenn man allerdings einige Tage kein Bett, sondern nur ein Tafelbrett als Unterlage für die Nacht zugeteilt bekommt, lernt man rasch, die Tagesstrecke schnell anzugehen, um ein ordentliches Nachtlager zu erhalten. Adrian aus Galicien fällt mir plötzlich ein, wie er mir auf dem Weg von Santo Domingo de la Calzada nach Redecilla del Camino seine Strategie erläuterte, jede Nacht in einem ordentlichen Herbergsbett zu schlafen: früh aufstehen! schnell laufen! kurze Tagesetappen gehen! Das ganze Dilemma wird mir zwei Stunden später noch viel bewusster.

Auf der Landstraße nach El Ganso fällt uns eine Person mit breitem gelbem Hemd und breiten grünen Shorts auf, die bei jedem Schritt schaukelt und nur mühevoll vorwärts kommt. Eine junge Frau trägt schwer an ihrem Übergewicht und plagt sich mit großen Anstrengungen über den Jakobsweg. Leicht nach vorne gebückt stützt sie sich auf einen langen dicken Pilgerstab, den sie im Rhythmus ihrer Schritte immer wieder nach vorne wuchtet und in die Erde stößt. Sie braucht sehr viel Kraft für ihre Pilgerwanderung. Hemd und Hose sind stark verschwitzt.

Pilar, so heißt die junge Frau, gehört zu einer spanischen Pfadfindergruppe, die von León nach Santiago de Compostela wandert. Für die meisten von ihnen sei das der Jahresurlaub, den sie bewusst auf dem Camino verbringen, erläutert sie mir. Die Gruppe sei vorneweg, so weit, dass Pilar sie nicht mehr sieht. Sie bemüht sich, Anschluss zu halten. Sie beklagt sich nicht; von vielen Wanderungen sei sie gewohnt, immer die letzte zu sein. Würden alle auf sie warten, bekämen sie in der Herberge kein Bett mehr. So werden die Freunde, die voraus sind, auf jeden Fall für sie ein Bett reservieren. Das sei doch für sie von Nutzen, auch wenn der Preis, den sie dafür zahlen müsse, der sei, oftmals ohne Begleitung alleine gehen zu müssen.

Pilar arbeitet als Sekretärin bei der Stadtverwaltung in Vitoria. So komme ich zwangsläufig auf die Frage, ob sie von jenem Mann ihrer Stadt schon einmal etwas gehört habe, dem wir auf der Etappe von Frómista nach Carrión de los Condes begegnet sind. Gerade will ich ansetzen, den Mann zu beschreiben, als Pilar bereits mit einem heftigen „si!" nickt. Sie kenne ihn, jeder in der Stadt kenne ihn. Schon das dreiundzwanzigste Mal sei der pensionierte Lehrer in diesen Tagen auf dem Jakobsweg unterwegs. Seine Pilgerreisen zögen jedes Mal aufs Neue das Interesse der Medien auf sich. Was den Mann zu dieser Unruhe treibe, wisse sie nicht, aber sie fände es beeindruckend, wenn sich jemand so intensiv zu seinem Glauben bekenne. Bei meditativen kirchlichen Veranstaltungen wirke der Mann oft mit und bringe seine Gedanken vom Jakobsweg ein.

Die Pilgerstraße durch Rabanal del Camino zieht sich als Gartenweg durch den kleinen Ort. Niedrige Häuser säumen ihn. Manche haben ihren Vordereingang zum Pilgerpfad und beherbergen kleine Verkaufsräume mit Andenken und Devotionalien. Fliegende Händler besitzen hier Zwei-Quadratmeter-Dependancen, die sie öffnen, wenn das Geschäft blüht. Zu Hauf könnte ich Jakobsmuscheln kaufen, von denen Madame Debril in Saint Jean Pied de Port mir keine abgeben wollte. Bei manchen Muscheln, Prachtexemplare ihrer Art, schmücken Miniaturmalereien von Heiligen die glatten perlmuttfarbenen Innenseiten. Nirgendwo fällt so sehr auf, dass der Jakobsweg auch eine Händlerstraße ist und staatliche Wirtschaftsförderung nicht nur örtliche Infrastruktur meint, sondern auch Anreiz für Kaufleute darstellt, die aus Gewinnerwartung investieren.

Andere Häuser schließen mit ihren Hinterfassaden zum Camino ab, als ob sie dem Geschehen den Rücken zukehren wollten. Der Ort ist der letzte Vorposten vor dem Monte Irago. Zwei Einstellungen treffen hier aufeinander. Die einen glauben, in dem Ort noch etwas verdienen zu können, andere würden ihn mangels wirtschaftlicher Entwicklung und wegen der regionalen Randlage eher verlassen wollen.

Gegenüber der Kirche befindet sich die Herberge Gaucelmo, die von der englischen Bruderschaft des Heiligen Jakobus betrieben wird. Sie ist aus dem wieder aufgebauten alten Pfarrhaus entstanden. Die massiven Schlagläden des mit Schindeln eingedeckten Hauses stehen zwar offen, aber die Fenster und die wuchtigen Holztüren sind noch fest verschlossen. Erst um sechzehn Uhr wird die Herberge öffnen.

Vor dem Eingang sitzen um elf Uhr bereits über fünfzig Personen auf dem Boden oder auf Rucksäcken und warten darauf, eingelassen zu werden. Was sich dort abspielt, ist chaotisch und wird in den nächsten Stunden noch schlimmer. Jeder neu ankommende Jugendliche steigt über das auf dem Boden großflächig herumliegende Gepäck, um sich selbst davon zu überzeugen, dass die Eingangstüren tatsächlich noch verschlossen sind. Während die Ankömmlinge sich dabei ungelenk durch die Menge bewegen, achten die Wartenden eifersüchtig darauf, dass sie sich ordnungsgemäß in die Schlange einreihen – genauer: in die Masse einmengen. Wasserflaschen werden hin- und hergereicht, Kopfbedeckungen machen die Runde, und alle Aktionen werden selbstverständlich von sehr großer Lautstärke begleitet. Wie

155

viele Pilger mögen heute noch ankommen? Die Bettenkapazität von Gaucelmo wird bei diesem Massenansturm nicht ausreichen.

Mit meinen Söhnen bin ich mir einig: so macht uns Pilgern keinen Spaß. Wir haben keine Lust, die nächsten acht bis zehn Etappen nach Santiago de Compostela mit der Strategie von Adrian anzugehen.

Im Regen durch Galicien

Von Rabanal del Camino nach Ponferrada

Als wir gestern wieder anreisten, begleiteten uns Wolken-
brüche. Das herrliche Wetter, als wir durch Navarra pilgerten,
war eine große Ausnahme.

Zwei Taxen bringen uns nach Rabanal del Camino. Die Anzahl der Taxen verrät es bereits: Die ganze Familie ist wieder
gemeinsam unterwegs.

Der Ort ist wie verwandelt. Wo Devotionalienhändler und
Andenkenbuden auf der Durchgangsstraße ihre bunten Waren
anboten, geben sich die verschlossenen Schlagläden aus
schwerem dunklen Holz wie abweisend. Wir stehen allein auf
dem Jakobsweg; hier, wo sich vor Wochen noch Pilgermassen
durch die Gasse wälzten, ist es leer und ruhig. In der Herberge Gaucelmo Platz zu bekommen, wäre heute kein Problem – wenn sie überhaupt geöffnet ist. Der Himmel ist
bedeckt, es sieht so aus, als regnete es bald. Trotz des unwirtlichen Klimas des Monte Irago ist es nicht kühl.

Folgt man den mittelalterlichen Reisebeschreibungen, so
endet das alte Spanien in Rabanal del Camino, und mit dem
Aufstieg auf den Irago betritt man Galicien. Der Aufstieg zum
fünfzehnhundert Meter hohen Irago führt durch Weideland-
schaft. Nichts ist von der frohen Farbigkeit zu sehen, die sich
im Frühsommer in gelb, lila und hellgrün über das Tal brei-
tete. Das nackte Astwerk der Bäume ragt wie aufgepflanzte
Rohrbürsten in den dunkelgrau verhangenen Himmel. Gräser,
die flach am Boden anliegen, zeugen davon, dass der Schnee

gerade erst gewichen ist. Hellgraue Waben durchziehen Wiesen und Hänge, Reste verfallener Mauern, die die Bauern aus Steinen aufschichteten, um ihren Weidegrund zu markieren und einzuzäunen. Die Gegend ist menschenleer, Tiere sind nirgends zu sehen. In mäßigem Wind gehen wir der Passhöhe entgegen.

Nach fünf Kilometern durchqueren wir auf einem unbefestigten Weg den Ort Foncebadón: ein Geisterdorf. Vor einem Misthaufen steht ein Pflug, Eggen sind an Scheunenwände angelehnt, ein Heuwender ist auf dem bemoosten Schotterhof eines Bauernhauses abgestellt. Auf Kommando könnte gleich die Szene zu einem galicischen Bauernfilm gedreht werden; nur: Die Akteure fehlen! Es gibt kein Zeichen von Leben: Keine Hühner, keine Hunde, nicht einmal aus den Kuhställen ist das Klacken von Hufen oder das Rasseln von Halsketten zu vernehmen. Auch die Gucklöcher in den Eingangstüren der an die Erde geduckten Bauernhäuser werden nicht verschämt geöffnet, weil neugierige Bauersfrauen schauen wollen, wer des Wegs kommt. Die verfallenen Häuser gleichen eher gut erhaltenen Ruinen, als dass sie noch zur ordentlichen Behausung taugen. Auf fünf Kilometer verändert sich die Welt total. Während Rabanal del Camino noch ganz bewohnt ist, müssen die Dorfbewohner eine Stunde Fußmarsch bergaufwärts das Gefühl gehabt haben, am Rande der Erde zu leben und vor der Perspektive einer hoffnungslosen Zukunft davonlaufen zu müssen.

Die Wolken hängen tief über dem Irago; das Eisenkreuz auf der Passhöhe tritt nur allmählich zum Vorschein. Es ist bei der schlechten Sicht das einzige Anzeichen, dass wir den Aufstieg bald geschafft haben. Das einfache, kleine Kreuz ist auf einen Holzpfahl gesteckt, der fünf Meter aus einem Steinkegel herausragt. Es ist guter Brauch, dass jeder Pilger zum Beweis seiner Reise einen Stein auf diesen Hügel wirft, wenn er

Rabanal del Camino

vorbeigeht. Vielleicht zwei Meter erhebt sich der Steinkegel schon in die Höhe. Man kann ahnen, wie viele Generationen von Pilgern hier noch vorbeiwandern und Steine auf den Haufen werfen müssen, bis die Spitze des Kegels an das Kreuz heranreicht. Der Gedanke entwickelt sich zwischen uns rasch zu einer Denksportaufgabe: Fünf Meter des Pfahls schauen noch heraus, die natürliche Falllinie des Steinhaufens ist dreißig Grad, davon der Sinus, mal zwei, und dann der Satz des Pythagoras...? Angenommen jedes Jahr kämen an dem Kreuz hunderttausend Pilger vorbei, und jeder von ihnen würfe einen Stein von hundert Kubikzentimetern auf den Haufen, und die Steine lägen alle dicht ohne Zwischenraum...! Würde der Fuß des Eisenkreuzes bis zum Ende des einundzwanzigsten Jahrhunderts immer noch nicht bedeckt sein? – Plötzlich einsetzender heftiger Regen bringt uns von der Denksportaufgabe ab; wir müssen die Ponchos aus dem Rucksack kramen und überziehen. Die Kapuzen schnüren wir fest ums Gesicht. Dann setzen wir unsere Wanderung auf dem Bergrücken nach Manjarín fort. Der Ort liegt fünf Kilometer von Foncebadón entfernt.

In Manjarín stehen ebenfalls nur noch Ruinen; das Dorf muss schon vor Jahren aufgegeben worden sein. Ein älterer Mann ist damit beschäftigt, zwischen allerlei Gerümpel und Müll aufzuräumen. Sein Kopf ist mit einer grauen Schirmmütze mit Ohrenwärmern bedeckt; über einen leichten Pullover, lila verwaschen wie seine Hose, trägt er eine braune Strickjacke. Aus seinem breiten, von einem dichten Bart umkränzten Gesicht lächelt er uns wohl wollend und selbstbewusst zu. Der Mann betreibt, wie er erzählt, mit seiner Familie das einfache Berghaus auf der Passhöhe, in dem Pilger zu jeder Jahreszeit Unterkunft finden. Paulino, so heißt er, rechnet sich stolz zu den Wächtern des Jakobswegs, eine Bezeichnung, die ihm zu Recht gebührt. Er lädt uns ein, in dem Berghaus einen Kaffee zu nehmen.

Wir sind die einzigen Gäste. Wie Paulino berichtet, haben zwei junge Burschen letzte Nacht hier geschlafen. Sie sind heute Morgen ziemlich früh aufgebrochen. Gestern ist eine englische Pilgerin vorbeigekommen. Zurzeit seien jedoch kaum Pilger unterwegs.

Im Spülstein türmt sich das Geschirr. Paulino ruft seinen Sohn herbei, dass er uns den Kaffee zubereitet. Seit einem Schlaganfall hängt Paulinos linker Arm schlaff am Körper herunter, so ist er bei Handreichungen erheblich eingeschränkt. Dennoch macht es ihm Freude, Pilger in seiner Hütte zu beherbergen. Bis das Kaffeewasser auf dem Ofen kocht, drückt uns Paulino die Stempel in die Pilgerpässe und bestätigt die Eintragungen durch seine Unterschrift. Während er schreibt, erzählt er uns von seinen Plänen.

Seine Arbeit widmet er dem Schutz der Pilger. „Non Nobis" steht auf dem Rundstempel der Herberge, der das Eisenkreuz von Foncebadón abbildet. Das Berghaus wies viele Schäden auf, als er begann, es wieder in Stand zu setzen. Sein Sohn und er besserten die Steinmauern aus. Die Leibung des Fensters musste ordentlich geputzt werden, weil ein Rahmen mit Glas eingesetzt werden soll. Einstweilen wird die Fensteröffnung noch mit Plastikfolie abgedichtet. Die Arbeiten kosten natürlich viel Geld und Zeit, und beides muss seine Familie allein aufbringen. So bittet er um Nachsicht, wenn nicht alles so perfekt ist, wie man es erwartet.

Der Mann ist bewundernswert! Ich hege keinen Zweifel, dass er verwirklichen wird, was in blauer und gelber Farbe – kalligraphisch wie von Frauenhand geschrieben – auf einer Steinplatte steht, die er neben der Eingangstür aufgehängt hat: „MANJARÍN, UNA LUZ EN EL CAMINO" – „Manjarín, ein strahlendes Licht auf dem Jakobsweg!". Gelbe Sterne über dem Ortsnamen sollen die Leuchtkraft noch betonen. Neben der Steinplatte hängt symbolträchtig eine rote Signallampe,

Mit Paulino vor der Herberge von Manjarín

die mit Petroleum brennt. Bei Dunkelheit oder schlechter Sicht soll niemand das Refugio de Peregrinos auf dem Irago-Pass verfehlen!

Bevor wir uns verabschieden, machen wir mit Paulino noch ein Foto vor dem Berghaus. Unsere Söhne nehmen ihn in ihre Mitte. Wie selbstverständlich legt Paulino den rechten Arm auf die Schulter unseres Sohnes Michael. Es ist bemerkenswert; in diesem Augenblick hört es auf zu regnen, die Wolken reißen auf und die Sonne scheint – übrigens nur dieses eine Mal am ganzen Tag! Ein herrlicher Blick auf die Gipfel der Leoneser Berge tut sich auf; sie tragen noch viel Schnee.

Als wir auf der Bergstraße weiterwandern, setzt der Regen wieder ein und verstärkt sich zusehends. Nirgendwo können wir uns unterstellen. Wir schnüren die Regenponchos, die, Gott sei Dank, über die Rucksäcke reichen, rund um die Gesichter und die Handgelenke noch fester zusammen. Tropfen schlagen uns ins Gesicht. Obwohl die Regencapes lang genug sind, laufen Rinnsale über den Plastikschutz auf die Hosenbeine und durchnässen sie bis auf Strümpfe und Schuhe. So kämpfen wir uns die nächste Stunde weiter bis El Acebo durch peitschenden Regen und pfeifenden Wind, der jetzt mehr Kälte bringt. Die Sicht beträgt weniger als fünfzig Meter. Niemand begegnet uns auf der Bergstraße.

In der Bar von El Acebo machen wir Rast. Die Gastleute sind rührend bemüht, einen kräftigen Mittagsimbiss zusammenzutragen. Sie bemitleiden uns, dass wir bei diesem schlechten Wetter unterwegs sind. Der Gastwirt fühlt sich gedrängt, uns mit einem guten Rat zur Seite zu stehen. Wohl weiß er noch nicht, wie er es anfangen soll, da wir Ausländer sind und er nur spanisch spricht. Schließlich traut er sich doch, den Rat in seiner Muttersprache an mich heranzutragen, wobei er sorgfältig prüft, ob ich seine Worte auch verstehe. Das tue ich, erfasse ihren Sinn aber nicht richtig, was ich mir nicht anmerken lassen will. Ob mir diese Täuschung gelingt, bleibt offen; jedenfalls verbindet sich damit ein überraschendes Erlebnis an diesem Tag, das sich erst später aufklären wird.

Der Gastwirt rät, in der vortrefflich restaurierten Herberge von Molinaseca zu übernachten, die noch rund neun Kilometer von hier entfernt ist. Wegen des Schlüssels zur Herberge solle ich in Molinaseca nach einem Mann namens „La Rana" fragen. Soweit hatte ich verstanden und ich weiß auch, dass „La Rana" im Deutschen „der Frosch" heißt. Ich will aber nicht nachfragen, ob La Rana der Familienname des Herbergsverwalters ist oder ob es sich um einen Spitznamen handelt, der einen weniger schmeichelhaften Beigeschmack haben könnte. Nun sind Spitznamen für Personen in Spanien sogar unter den Bewohnern einer Stadt noch gebräuchlich und auch durchaus ehrenhaft. Aber Personen, die ich nach ihm fragte, könnten amüsiert sein, weil ich mich statt nach dem Frosch nach Herrn Frosch erkundigte. Oder sie könnten über meine Unhöflichkeit verwundert sein, wenn ich nicht nach Herrn Frosch, sondern einfach nur nach dem Frosch fragte. Nicht auszudenken, wie der Betroffene vor Lachen prustet oder sich grün ärgert, wenn ich ihn falsch anrede.

Über Wiesenpfade wandern wir von El Acebo hinab. Mimosenbäume stehen in voller Blüte, leuchten in frischem Gelb. Zwei Jagdhunde begleiten uns plötzlich, als wir im Gänsemarsch einen schmalen Wiesenweg hinunter ins Tal gehen. Sie geben ihre ganze Verspieltheit und Ausgelassenheit zum Besten. Mal rennen sie voraus, als wollten sie den Verlauf des Weges andeuten, mal lassen sie sich hinter unsere Gruppe fallen, als ob sie sicherstellen wollten, dass auch niemand von uns verloren geht. Wenn sie uns überholen, wobei sie jedes Mal darum streiten, wer am nächsten an uns vorbeilaufen darf, springen sie von hinten an uns hoch und zwacken uns liebevoll mit den Zähnen in die Ellbogen. Sie legen ein Vielfaches unserer Strecke zurück. Uns macht es Spaß, ihnen zuzusehen, wie sie um unsere Gunst buhlen. Bevor wir die Talsohle erreichen, bauen sie sich vor uns auf, bellen kurz und jagen den Hang hinauf wieder zurück. Vielleicht bereiten sie Pilgern nach uns dieselbe Freude.

In der Einsiedelei des Heiligen Rochus ist die neue Herberge von Molinaseca eingerichtet. Gegenüber erstrecken sich Gemüsegärten bis an die Ufer des Meruelo. Plötzlich erhebt sich gestikulierend ein Mann aus den Salatanpflanzungen und springt schnellen Schrittes herbei. Er ist mit Regenjacke, Gummihose und Gummistiefeln bekleidet – alles in Grün. Er stellt sich als Alfredo Alvarez vor. Als ich ihm erzählen will, dass der Gastwirt in El Acebo uns die Herberge empfohlen habe, fällt er mir ins Wort und nennt seinen Spitznamen zum Beweis, dass er hier die Verantwortung trägt: Er ist also La Rana!

Zwei junge Burschen – wahrscheinlich die, von denen Paulino heute Morgen sprach – sitzen in der neuen, hellen Herberge am Kaminfeuer, wärmen sich und trocknen ihre Kleidung. Eigentlich kann man nur jedem Pilger empfehlen, hier zu übernachten. Wir halten aber an unserem Plan fest, noch zum sieben Kilometer entfernten Ponferrada zu wandern. La Rana wünscht uns alles Gute, und während wir uns allmählich wieder in Gang bringen, springt er ins Gartenfeld zu den Salatbeeten zurück.

Wir haben kaum den Ortsausgang von Molinaseca erreicht, da setzt wieder Regen ein. Zeitweise schüttet es so heftig vom Himmel, dass wir uns trotz der Ponchos unter Bäumen oder Vordächern der Häuser unterstellen müssen. Das Wetter ändert sich die nächsten eineinhalb Stunden bis Ponferrada nicht; eher nimmt die Stärke des Regens noch zu.

Die Herberge in Ponferrada, an der wir um halb acht abends ankommen, ist sehr einfach. Bei schönem Wetter und im Sommer mag sie sicher ihren besonderen Charme haben. Der Eingang, ein niedriges Scheunentor, ist so unscheinbar, dass wir fast an der Herberge vorbeigegangen wären. Der Verwalter ist ganz allein und damit beschäftigt, den Eingang und den Hof zu betonieren. Er teilt uns die Betten im Schlafsaal neben der Einfahrt zu, ein großer, dunkler Raum mit niedriger Decke, die von alten Holzbalken getragen wird. Es ist kalt, unsere nassen Kleidungsstücke, die wir auf den Betten ausbreiten, bleiben klamm. Eine Dusche und zwei Toiletten stehen in der Herberge zur Verfügung. Man kann sie nur über den Hof erreichen. Ihre Lattentüren, die zum Hof hin öffnen, schließen nicht dicht. Die Ausstattung ist alles andere als komfortabel. Es war ein Fehler, nicht in der Herberge von Molinaseca zu übernachten.

Von Ponferrada nach Villafranca del Bierzo

Die Basilika „Unsere Liebe Frau von der Steineiche" erinnert an eine Erscheinung der Jungfrau, als die Templer im elften Jahrhundert den Wald auf der Anhöhe am Río Sil rodeten, um die Burg von Ponferrada zu errichten. Die Überreste dieser wehrhaften Burg zeugen von der Bedeutung des Ordens für den Schutz der christlichen Wallfahrtsstätten. Mächtige Seitentürme und zinnenbekrönte Mauern sind der Ausdruck höchster Wachsamkeit. Es verwundert nicht, dass der Orden, der sich in der Waffenkunst auskannte, sich in militärischen Auseinandersetzungen zu behaupten wusste und durch trutzige Burgen seine Macht zeigte, Staat und Kirche schließlich verdächtig vorkam. So war er üblen Verleumdungen über derbe Verhaltensweisen ausgesetzt, die schließlich zu seiner gewaltsamen Auflösung und grausamen Zerschlagung durch den Papst und den König von Frankreich führten.

Wir überqueren den Sil auf der pons ferratus, die einst mit Eisen armierte Brücke, die der Stadt den Namen gab. Von der Paseo del Sacramento hoch über dem Fluss haben wir einen prächtigen Blick auf Ponferrada. An einem Dienstagmorgen im Frühjahr um halb zehn sind wir hier allein. Wie ganz anders wäre es, so stelle ich mir vor, an einem Samstagabend im Sommer um halb zehn: Wir gingen in der Menge flanierender Spanierinnen und Spanier unter. Die Terrasse ist lang genug, den ganzen Abend auf ihr hin und her zu spazieren. Während sich in den Straßen und Gassen der Stadt auf der anderen Seite des Flusses noch die Hitze des Tages staute, erfrischte hier schon ein erster Lufthauch die Einwohner. Junge Männer reihten sich in die langsame Schlange ihrer Altersgenossen ein, die sich in entgegengesetzter Richtung zu der innen kreisenden Schlange heiratsfähiger Mädchen bewegte. So könnten Blicke ausgetauscht werden, die Zuneigung entfachen, ohne dass es auffiele. Die Bezeichnung dieser Parkanlage als Promenade des Sakramentes ist eine schöne Umschreibung dessen, was Samstagabend im Sommer hier stattfindet.

Das Bierzo zeichnet sich in vieler Hinsicht als ein besonders bevorzugter Landstrich am Jakobsweg aus. Eingebettet zwischen den Leoneser Bergen und den Bergen Galiciens, von diesen geschützt und ihren Bächen und Flüssen mit reichlich Wasser versorgt, ist es klimatisch begünstigt und mit üppiger Vegetation beschenkt. Der Kontrast zu der kalten und kärglichen Berglandschaft ist überall sichtbar. So ist es nicht verwunderlich, wenn sich die Könige Leóns glücklich schätzten, diesen Landstrich als westlichsten Ausläufer noch zu ihrem Reich zu zählen, und die Orte mit besonderen Privilegien ausstatteten. Selbst die Bischöfe von Astorga und dem noch fast hundertachtzig Kilometer entfernten Compostela wetteiferten um die Gunst der Einwohner in dieser Region.

Im Mittelalter hielt das Bierzo eine Fülle von Herbergen, Hospizen, Spitälern und Klöstern für die Übernachtung und Krankenpflege der Pilger bereit. Urkunden und Überreste von Bauten belegen mehr Unterkünfte für Pilger, als nach der Übersicht der Augustinermönche von Roncesvalles heute ganze Provinzen aufzuweisen haben. Das lag daran – wie in vielen Berichten erzählt wird –, dass die Pilger nach der Überschreitung des Irago oft an Schwäche litten oder ernsthaft krank wurden. An keiner anderen Stelle des Camino waren sie einer so starken Entmutigung ausgesetzt wie hier, wo ihnen die anstrengende Passage über die nächsten Gipfel bevorstand. Die Namen der Hospize reden davon, welche Arbeit der Nächstenliebe hier zu tun war; sie waren den Heiligen Blasius, Lazarus und Martin geweiht.

Durch Weinfelder wandern wir nach Cacabelos. Hier stehen die ersten Rundhütten, die für diese Gegend um den Cebreiro-Gipfel herum typisch sind. Niedrig, aus aufgeschichteten Granitsteinen erbaut, mit winzigen Fenstern und einem dicken Strohdach bieten sie nicht viel Angriffsfläche für Verwitterungen. In ihnen werden Vorräte aufbewahrt, manchmal sind Restaurants oder kleine Museen darin untergebracht. Wir sind optimistisch; Gabriele hat die fünfundfünfzig Kilometer der beiden vergangenen Tage sehr gut bewältigt. Trotz des langen Weges über die Leoneser Berge und des Dauerregens ist sie in einer viel besseren körperlichen und seelischen Verfassung als auf dem Weg durch Navarra.

Tritt man aus den Gemüse- und Weinfeldern von Villafranca del Bierzo heraus, kommt zuerst die kleine Jakobuskirche in Sicht. Sie ist im romanischen Stil erbaut und besitzt ein berühmtes Seitenportal. Von hier aus kann man auf die Stadt hinunterschauen, die am Zusammenfluss von Río Burbia und Río Valcarce im elften Jahrhundert als fränkische Siedlung angelegt wurde. Hinter der Kirche muss die Herberge liegen, dort, wo sich schon das ursprüngliche Santiago-Hospiz befand. Unsere gelöste Stimmung schlägt sofort um, als wir keine Herberge vorfinden.

Aus Eisenrohren, Holzlatten, Zeltplanen, alten Türelementen, Wellblechen, Plastikfolien und Schnüren sind hier zwei große Treibhäuser zusammengebaut. Aus einer Wand ragt ein hoch gebogenes Ofenrohr heraus, das mit Blechen notdürftig abgedichtet ist. Allerlei Unrat ist rund herum verstreut: verbogene Plastiksessel, sorglos abgestellte Wasser- und Bierkästen, vertrocknete Christbäume in Eternitschalen und abgeblühte Pflanzen in Styroporkartons. Ein alter Renault steht vor der Türe, ein paar Wäschestücke hängen verloren auf der Leine. Der Anblick ist deprimierend. Wir schauen uns ratlos um.

Markus entdeckt eine blaue, verwaschene Plastikplane neben der Eingangstür, die kaum leserlich den Schriftzug „Por los Caminos de Santiago" erkennen lässt. Ein Mann mit grauen Haaren, braun gebranntem Gesicht und Schnurrbart tritt durch die verrottete Tür zu uns heraus. Jetzt merken wir: Wir stehen vor der Herberge!

Der freundliche Mann bittet uns herein. Er entschuldigt sich für den beklemmenden Anblick, aber – so erzählt er uns – die ärmliche Hütte sei mit der Hilfe vieler Personen rasch zusammengetragen, provisorisch montiert, abgedichtet und ausgestattet worden, nachdem die alte Herberge einem Brand zum Opfer gefallen war. Wehmütig berichtet der Mann über die schrecklichen Momente, in denen die Flammen trotz verzweifelter Löschversuche in kurzer Zeit alles wegfraßen.

Die Hütte ist auf dem Vorplatz der alten Herberge aufgeschlagen. Zwischen den Betten liegen dicke Strohmatten, über die man auf Socken oder barfuß laufen kann. Die Notunterkunft sieht schön sauber aus.

Die Dusche, in einer Mauernische mit Plastikvorhang, ist speziell konstruiert. Aus einem Schlauch kommt von oben das warme Wasser. Ein Abflussloch im Boden leitet es ab. Die Dusche ist nicht komfortabel, aber überaus funktional. Wir Männer genießen sie. Gabriele kann sich nicht damit anfreunden, sich unter den Schlauch zu stellen, auf Waschbetonplatten mit nackten Füßen zu stehen und sich hinter einem Vorhang zu duschen, der nicht überall dicht schließt. So bleibt es ihr Privileg, in Situationen über Gebühr strapazierter Genierlichkeit die Trockendusche – Make-up, Parfum, Puder – zu bevorzugen.

Im Aufenthaltsraum nehmen wir Platz und trinken Tee. Die Luft ist feucht und modrig. Räucherkerzen sollen den unangenehmen Geruch überspielen. Am Tisch sitzen zwei junge Männer und entspannen. Es sind die beiden Burschen, die wir bereits in der Herberge von Molinaseca getroffen hatten, als La Rana uns gastlich empfing.

Der Herbergsverwalter setzt sich zu uns, um die Geschichte weiter zu erzählen, wie man sich jetzt um den Neubau der Herberge bemüht. Er hat schon längst festgestellt, dass wir Deutsche sind, und das scheint ihn zur weiteren Unterhaltung zu ermuntern.

Obwohl schon überfällig, stellt er sich erst jetzt vor. Er heißt Jesús Arias Jato. Die beiden Nachnamen sind in dieser Reihenfolge für gewöhnlich die Familiennamen des Vaters und der Mutter. Ich erwähne das hier, weil es darauf hinweist, welcher Familienzweig seiner Vorfahren die mehrere Hundert Jahre alte Herbergstradition begründet und fortgesetzt hat. Plötzlich fällt mir der Hinweis der Augustinermönche von Roncesvalles wieder ein: Wir sprechen nicht mit irgendeinem Verwalter einer kirchlichen oder kommunalen Herberge, sondern die Herberge in Villafranca del Bierzo ist die von Jesús Jato, er hat die Herbergstradition aus der Familie seiner

**Mit Jesús vor der provisorischen Herberge
von Villafranca del Bierzo**

Mutter übernommen. Also erzählte er auch von seinem ganz persönlichen Verlust und dem seiner Familie, als er berichtete, wie die alte Herberge niederbrannte. Aber voller Mut und Enthusiasmus spricht Jesús bereits von den Plänen zur Errichtung der neuen Herberge und wie man das Geld und die Materialien dafür zusammentragen will.

Draußen könne ich bereits sehen – dabei macht er eine ausladende Handbewegung in Richtung des Hütteneingangs –, wie sie begonnen hätten, das neue Mauerwerk zu erstellen, und dass man schon einen Teil des Grundrisses erkenne. Auf seinem Schreibtisch kramt er unter allerlei Papieren und Heften eine kleine von Hand zusammengestellte Broschüre heraus: zwei Schreibmaschinenblätter, auf das halbe Format gefaltet, gelocht und mit einem blauen Bastband verknotet. Jesús schlägt den Mittelteil auf und erläutert uns den Grundriss, die Schnitte und die Nordansicht der neuen Herberge. Reichlich Toiletten und Duschen sind vorgesehen; dazu gibt es Wasch- und Lagerraum sowie eine Küche. Sogar eine kleine Bar wird eingerichtet. Der Clou ist ein Bassin zur Fußwaschung mitten im Hof! Schlanke Fenster sollen Licht ins Innere hineinlassen. Der Plan sieht gut durchdacht aus. Der Neubau wird sicher eine der prachtvollsten und komfortabelsten Herbergen am Jakobsweg. Zudem erhält er ein Dokumentations- und Dienstleistungszentrum, das aus einer Bibliothek, einem Arztzimmer und Räumen für medizinische Behandlungen besteht. In Anspielung auf die Mythologie, die Phönix strahlend aus der Asche emporsteigen ließ, soll die neue Herberge „Ave Fenix" heißen.

Einhunderttausend Euro betragen die Kosten der neuen Herberge. Sie sollen durch die über tausend Genossen einer eigens für diesen Neubau gegründeten „Internationalen Vereinigung der Pilger 'Ave Fenix'" aus aller Welt sowie durch freiwillige Spenden der Pilger aufgebracht werden. Etwas

ganz Besonderes aber hat sich die Vereinigung für den
Schlussstein an der Giebelwand der Herberge ausgedacht: Er
wird vom Kölner Dom kommen. Dafür hat sich, wie Jesús mit
Fotos belegt, jener Herbert Simon von der Jakobusgesellschaft aus Köln verbürgt, deren Wirken, wie ich bereits erzählte, auch den Herbergen in Larrasoaña und Azofra zugute
kommt.

Mit welcher Begeisterung Jesús sich für die Verwirklichung
der neuen Herberge einsetzt, drückt am besten sein eigenes
Gedicht aus, das sich in der Broschüre findet und das ich hier
in freier Übersetzung wiedergebe:

Willkommen in Ave Fenix,
einer Herberge der Nächstenliebe;
möge sie niemals sterben,
die Kraft des Herrn.

Wenn Deine Seele optimistisch ist,
wirst Du gut aufgenommen werden;
und wenn Du uns helfen willst,
werden alle dafür dankbar sein.

Möge das Licht der Sterne
von Dir zurückstrahlen, wenn Du pilgerst,
und möge die Nächstenliebe und die Wahrheit
das Licht Christi sein.

Jesús Jato, ein Verrückter der Nächstenliebe

Wir müssen unser Gespräch unterbrechen, weil wir, bevor
es dunkel wird, noch die Jakobuskirche nebenan besichtigen

Jakobuskirche in Villafranca del Bierzo

möchten. Vier Bögen, die beiden inneren schlicht, die beiden äußeren aber prachtvoll geschmückt, getragen von acht Säulen, auf denen herrlich ausgestaltete Kapitelle ruhen, und fünf Stufen hinauf in die kleine Jakobuskirche: Sie zu ersteigen und durch das Portal zu treten, bedeutete für viele Menschen, die aus Erschöpfung oder Krankheit nicht mehr in der Lage waren, weiter zu pilgern, die Erlösung von ihren Sünden und oft auch von einer strapaziösen Reise. Hatten sie die Puerta del Perdón, die Pforte der Vergebung, erreicht, versprach ihnen ein Dekret des spanischen Papstes Calixtus III. aus dem fünfzehnten Jahrhundert, dass der Zweck ihrer Pilgerreise ebenso erfüllt war, als wenn sie am Apostelgrab in Santiago de Compostela angelangt wären. Für viele schwache und vom Tod bedrohte Pilger war es Trost, die Reise nicht vergebens gemacht zu haben und am Ende nicht mit leeren Händen vor dem Schöpfer zu stehen. Die Geste des Papstes spricht dafür, dass der Weg das Ziel ist, solange sich der Pilger bemüht.

Schauen wir uns dieses berühmte Nordportal, von dem eine so enorme Wirkung ausgeht, noch einen Moment genauer an. Der innere der beiden verzierten Bögen zeigt zwei durchgehende Bänder stilisierter Blätter und Blüten. Der äußere trägt in dichter Folge Apostelfiguren, Pilgerszenen und Heiligenstatuen. Dabei geht es in dieser Runde sehr fröhlich zu, wenn ich die erhobenen Hände zweier Figuren richtig deute, die sich in guter Laune zuzuwinken scheinen. Die Kapitelle stellen Szenen aus dem Neuen Testament dar. Dabei liegen die Kreuzigung und die Reise der drei Weisen aus dem Morgenland unmittelbar nebeneinander. Es kann kein Zufall sein, dass die drei Könige zum Calvarienberg wandern. Dabei wird sich der Künstler etwas gedacht haben: Der gekreuzigte Christus steht für die Erlösung, die Reise der drei Könige symbolisiert die Pilgerwanderung. So lässt sich die barmherzige Wirkung der Puerta del Perdón leicht begreifen.

In der Casa Méndez, am Zusammenfluss von Burbia und Valcarce, nehmen wir unser Menü ein. Durch die Fenster dringt das beruhigende Rauschen der beiden Bäche, die von der Sierra de Ancares herabkommen. Dieses Rauschen ließ uns wohl überhören, dass es zu regnen anfing und der Regen immer stärker wurde. Als wir zur Herberge zurückkehren wollen, schütten die Wolken ihr Wasser in unvorstellbaren Mengen vom Himmel. Schirme oder sonstigen Regenschutz hatten wir nicht mitgenommen. So bleibt uns nichts anderes übrig, als abzuwarten, bis der Regen aufhört.

Einige Zweifel kommen uns schon, wie lange das dauern wird und ob dann die Herberge noch geöffnet ist. In diesem Augenblick fährt Jesús mit seinem Renault vor und lädt uns sechs in das Auto ein. Unter- und übereinander müssen wir sitzen, um alle in den Wagen zu passen. Vorne auf dem Beifahrersitz quetsche ich mich mit Michael eng zusammen, damit Jesús überhaupt noch Schalthebel und Scheibenwischer betätigen kann. Dennoch sind wir glücklich, dass er uns abgeholt hat und in die Herberge bringt. Woher er den Wink bekommen hat, dass wir zu Ende gespeist hatten, oder ob er aus bloßer Fürsorge plötzlich da war, wissen wir nicht. Wir sind froh, dass wir trocken zur Herberge gelangen. Drinnen ist es jetzt feucht und kalt; Gott sei Dank sind wir mit warmen Schlafsäcken ausgerüstet.

Von Villafranca del Bierzo nach El Cebreiro

Vierhundert Kilometer zurück nach Osten hat es mich verschlagen, ins Kloster von Santo Domingo de Silos. Andächtig lausche ich den Gregorianischen Gesängen der Mönche. Die Tonkonserven der Dominikaner sind auf den europäischen Hitlisten immer höher geklettert. Da ich vergeblich auf den Applaus warte, die Patres aber schon das nächste Lied angestimmt haben, werde ich wach: Jesús hat den Kassetten-

recorder angestellt, die Gesänge tönen aus mehreren Laut-
sprechern durch die Herberge.

Die beiden Jungen, etwa zwanzig Jahre alt, die gestern mit
uns am Tisch saßen, packen gerade ihre Sachen. Das gibt
Gelegenheit, mit ihnen ins Gespräch zu kommen. Pablo heißt
der eine, ist Brasilianer und wohnt in São Paulo. Wegen der
braunen Hautfarbe, der dunklen Haare und schwarzen Augen
hatte ich, obwohl wir uns in Englisch unterhalten, darauf ge-
tippt, er sei spanischer Abstammung. Bevor ich nachfrage,
wieso sein Vorname spanisch und nicht portugiesisch sei,
erläutert er, sein Vater habe in Galicien in der Nähe Portugals
gewohnt und sei vor bald dreißig Jahren nach Brasilien aus-
gewandert. Da er keine beruflichen Aussichten in Galicien
hatte – vielleicht stammte er aus einem ähnlichen Dorf wie
Foncebadón –, suchte er sein Glück in der Fremde und
brachte es zu Wohlstand. Traditionsgemäß erhalte der erste
Sohn der Familie bei den Spaniern den Vornamen des Vaters,
so heiße er auch Pablo. Der Vater habe ihm oft von seiner
Heimat erzählt. Daher habe er sich entschlossen, das Land
seiner Vorfahren zu besuchen und das mit der Pilgerreise zu
verbinden.

Thomas, der andere junge Mann, kommt aus New York. In
den USA gehört er zu den WASPs: White, Anglo-Saxon,
Protestant. Vor etlicher Zeit hat er zu Hause im Internet ge-
surft, ist dabei auf Santiago de Compostela gestoßen und hat
alle spanischen Stationen des Wegs mit Fotos aufgerufen,
soweit sie im weltweiten Netz verfügbar waren. Dabei hat er
sich mehr und mehr vom Jakobsweg begeistern lassen. So
reifte der Entschluss, die Pilgerwanderung nicht virtuell, sondern wirklich zu machen.

Der spannendste Punkt der Geschichte ist aber, wie sich die
beiden Jungen trafen. Ihre Heimatorte liegen fast zehntausend
Kilometer voneinander entfernt. Sie kommen von zwei ver-

schiedenen Kontinenten, um auf einem dritten fast achthundert Kilometer zu laufen. Beide reisten mit Flugzeugen an, begegneten sich durch Zufall am Ausgang des Flughafens von Madrid, als sie merkten, dass jeder sich nach den Möglichkeiten erkundigte, mit öffentlichen Verkehrsmitteln Roncesvalles zu erreichen. So taten sie sich zusammen. Beide hängten sich die gleiche große Jakobsmuschel um, auf die das Schwertkreuz des Santiago in rot aufgemalt ist. In Navarra gingen sie anfangs noch in hohem Schnee; drei Wochen sind sie jetzt gemeinsam unterwegs. Noch viel überzeugender aber ist die Harmonie zwischen ihnen. Sie gehen immer noch sehr rücksichtsvoll miteinander um. Sie nutzen die Vorteile, die ihre Zweckgemeinschaft für jeden von ihnen hat. Der einfache Bauer, der den Rastplatz in Villarmentero de Campos säuberte, hatte das mit seinen Worten so treffend ausgedrückt: Der Camino verbindet die Menschen und die Sprachen aller Länder! Dafür kann es keinen schlagenderen Beweis geben als die Pilgergruppe Pablo und Thomas!

Señora de Jato, die Frau von Jesús, hat unterdessen das Frühstück vorbereitet und alles appetitlich auf dem langen Tisch aufgebaut: Kaffee, Tee, Kakao, Käse, Schinken, Honig, Marmelade, Brot, Barras, Madalenas, es fehlt wirklich nichts! Angesichts der Vielfalt der Angebote bedaure ich es sehr, ein einfallsloser Frühstücksmuffel zu sein, der immer nur Barras mit Honig isst und dazu Tee trinkt. Für die Übernachtung und das Frühstück brauchen wir nichts zu bezahlen. Nach zwanzig Pilgertagen kann man selbst leicht ausmachen, mit welchen Preisen man rechnen müsste. So haben wir uns mit einem Mehrfachen als Spende am Neuaufbau von Ave Fenix beteiligt – und dann war es immer noch preiswert!

Jesús greift, kaum dass wir mit dem Frühstück fertig sind, das Gespräch von gestern Abend wieder auf; es sollte noch um einiges interessanter werden. Er lädt uns ein, ihm in das verlassene Haus unterhalb der Herberge zu folgen. Der Kubus aus Stein, den die Zeit schwarz gefärbt hat, ist sehr alt, weist aber noch einen passablen Erhaltungszustand auf. Das Haus besitzt kein Fenster, sondern nur einen Lüftungsschlitz. Während Jesús den großen Schlüssel im Schloss umdreht und die Türe quietschend öffnet, verweist er nochmals auf die schon Jahrhunderte während Tradition seiner Familie und erklärt, in diesem Haus hätten noch seine Großeltern gewohnt und Pilger betreut.

Drinnen ist es ganz dunkel; der Boden besteht aus gestampfter Erde. In einem abgezäunten Bereich neben der Türe wurden die Tiere gehalten. Im hinteren Raum übernachteten die Pilger. Auf der Holzempore, die ziemlich baufällig ist, schliefen die Großeltern mit ihrer Familie. Hier ist Jesús' Mutter aufgewachsen; ohne Komfort, kaum Tageslicht und in modrigem Gemäuer. Im linken Teil des Hauses wurde gekocht und mit den Gästen zusammen gegessen. Man muss sich einmal vorstellen, es ist noch keine fünfzig Jahre her, wir sprechen also von der Zeit um 1950, dass dieses Haus, dem ich die heutige provisorische Hütte auf jeden Fall vorziehen würde, die Herberge von Villafranca del Bierzo war. Jedoch, der Gedanke ist unvollkommen. Die Großeltern haben trotz ihrer erbärmlichen Wohnbedingungen die Großherzigkeit besessen, Fremden auf dem Jakobsweg ein Zuhause zu geben. „Mi casa es tu casa" heißt ein alter spanischer Spruch: „mein Haus ist auch Dein Haus"; hier wurde er Wirklichkeit. Sie haben sich durch die Beherbergung und Bewirtung ein Zubrot zum bescheidenen landwirtschaftlichen Ertrag ihrer Felder verdienen müssen, um die Familie über die Runden zu bringen. Dabei nahmen sie in Kauf, von Fremden bestohlen, von Krankheiten angesteckt zu werden und sich um Gäste zeitaufwändig kümmern zu müssen, wenn sie krank und „strohlägrig" wurden.

Halb elf ist es in der Zwischenzeit geworden, höchste Zeit aufzubrechen. Bis hinauf auf den Cebreiro-Pass sind es fast achtundzwanzig Kilometer und gut achthundert Meter Höhenunterschied. Mich befällt die Sorge, wir könnten in eine ähnlich schwierige Situation geraten wie beim Aufstieg auf die Pyrenäen, als wir ebenfalls so spät losgingen. Wir packen unsere Pilgerpässe wieder ein, aber nicht ohne stolz die drei schönen grünen Stempel zu betrachten, die uns Jesús eingedrückt hat. Einer ist besonders groß und prächtig: Er hat die Form eines Kreuzes. Im Inneren ist Jakobus als Pilger dargestellt. An den vier Enden erkennt man das Eisenkreuz von Foncebadón, die Templerburg und Basilika von Ponferrada sowie die Puerta del Perdón. Darunter hat uns Jato noch gewünscht, „dass Dein Weg Licht in Christus, Friede und Liebe bringe!"

Jesús hat Gewissensbisse bekommen, ob er uns zu lange aufgehalten hat. Er bietet an, unsere Rucksäcke zur Herberge in El Cebreiro zu fahren, damit wir unbeschwert aufsteigen können. Wir alle lehnen sein gut gemeintes Angebot ab, wir wollen unser Gepäck selbst dorthin hinaufschleppen. Auch Gabriele, der wir diese Erleichterung gegönnt hätten, entscheidet sich so: ein Indiz für Optimismus und Durchsetzungswillen. Ich bin richtig stolz auf meine Frau, die mit dieser Einstellung uns alle überrascht.

Der Weg über die Nationalstraße liegt im Schatten. Hoch oben auf den Almen scheint die Sonne. Der Himmel ist blau. Auf den Bergen muss es angenehm warm sein, hier im Tal ist es kühl. Im Gänsemarsch gehen wir bergauf.

Gedankenverloren schaue ich auf den Grünstreifen neben der Straße. Es bedürfte keiner Markierungen des Jakobswegs, man brauchte immer nur der breiten Abfallspur zu folgen. Rostende Limonadendosen, aufgeweichte Papiertaschentücher, zerknüllte Safttüten, Zigarettenschachteln, ausgespuckte Kaugummis, aufgerissene Plastiktaschen, Reste von Wundpflastern reihen sich endlos aneinander. Man könnte meinen, die Pilger hätten die Aufforderung am Eisenkreuz von Foncebadón falsch verstanden, überall etwas wegzuwerfen, um Zeugnis zu hinterlassen. Die Disziplinlosigkeit, die sich durch das sorglose Entledigen von Abfällen ausdrückt, ist in ihrem Ausmaß schon erschreckend. Es tut Not, die Raine zu säubern.

Kein Abschnitt auf dem Jakobsweg eignete sich so wie das Valcarce-Tal, heraufziehende Fremde von der Höhe zu beobachten, sie aus Hinterhalten zu überfallen, auszurauben, ihnen Wegezoll abzupressen und sie notfalls solange gefangen zu halten, bis sie ausgelöst wurden. Auf dieser Strecke gab es einst viele Burgen – mitunter sieht man die Überreste noch –, deren Herren im Raub ein einträgliches Geschäft hatten. Dabei ging es nicht zimperlich zu, wie der Name des Flusses verrät. In einer anderen gebräuchlichen Schreibweise heißt er Río Valcárcel, was nichts anderes bedeutet als Fluss des Kerkertals. Also wusste man früher schon, was einem in diesem engen Tal blühen konnte.

Sicherlich wird es nicht die mittellosen Pilger getroffen haben; bei denen war ja nichts zu holen. Es werden auch kaum die überfallen und in Verliese geworfen worden sein, die den Jakobsweg zur Strafe gehen mussten, weil sie etwas auf dem Kerbholz hatten – die waren ohnehin mit allen Wassern gewaschen und kannten die Tricks. Gefährdet waren Edelleute, Bischöfe und reiche Kaufleute, die eine hübsche Summe Bargeld mitführten. Gegen die Untaten in diesem Tal schritten zeitweise sogar die Könige ein. Wenn sie ihre ganze Autorität aufwandten, müssen schon Verbrechen passiert sein, die große Aufregung erzeugten und Interessen berührten. Wie anders ist es auch zu verstehen, dass zwei Regenten und der Papst Ende des zwölften Jahrhunderts den Streit zwischen zwei französischen Orden, der eine in Villafranca, der andere auf dem Cebreiro ansässig, schlichten mussten, wer in dem Durchgangsort Pereje eine Kirche und ein Pilgerhospiz erbauen dürfe. Da ging es um die Ehre Gottes, sicher aber auch um „Verdrängungswettbewerb" bei Verdienstmöglichkeiten, weil alle Pilger hier durch die Enge gehen mussten. Und wo Verdienst lockt, da sammeln sich auch Raubritter, Diebe, Gauner und Halsabschneider.

Am Ausgang von Pereje, wo die Calle Mayor wieder auf die Nationalstraße trifft, verfallen die alten zweistöckigen Bauernhäuser. Die Ställe im Parterre sind leer und stehen offen. Überdachte Balkone aus Holz verwittern, Stäbe sind herausgebrochen, die Böden senken sich in Brüchen ab. Auf den Dächern haben die Steinschindeln dicke Schichten Moos angesetzt. Wenn Pablo hier vorbeiwandert, wird er verstehen, warum sein Vater weggezogen ist.

Als die Talränder etwas zurücktreten, merken wir, dass sich der Himmel in den letzten Stunden vollkommen bewölkt hat. Die Berghöhen können wir nicht mehr sehen; noch nicht einmal das Gelände weiter aufwärts lässt sich überblicken, in dem irgendwo der Weg auf den Cebreiro hochführen muss. Sieben Kilometer haben wir bis dorthin noch vor uns.

Der Weg steigt weiter an und wird immer steiler. Zunächst gehen wir noch über Wiesen und eingezäunte Weideflächen, dann führt ein ausgefahrener Waldweg durch Steineichen hoch in die Geländemulde, aus der der Valcarce hinunterspringt. Es fängt an zu nieseln, und der Boden, der mit vermodernden Blättern, Astwerk und Geröll übersät ist, wird matschig und glitschig. Alle Vorurteile über Galicien, die ich gehört habe, scheinen sich schon hier auf diesem Wegstück zu bestätigen: Es ist gebirgig, es regnet immer, die Wege sind aufgeweicht und rutschig, alle Steine am Weg sind grün von Moos... Es hilft nichts, wir müssen jetzt durch diesen Hohlweg hinauf, der jeden Fehltritt übel nimmt. Schritt für Schritt kämpfen wir uns weiter hoch. Bald muss doch der nächste Ort kommen, und dann ist es nicht mehr so weit bis zum Cebreiro!

Das Nieseln geht in einen hartnäckigen Landregen über; wir müssen die Regenponchos überziehen. Als schließlich der Wald endet und das erste Haus aus dem Nebel hervortritt, wähnen wir uns schon am Ziel. Ortsschilder finden wir am Eingang des Dorfes nicht. Wir fragen einen Dorfbewohner, wo wir sind. Die Auskunft ist nicht ermutigend: Bis zum Cebreiro sind es noch vier Kilometer, und La Faba, wo wir uns jetzt befinden, ist erst der vorletzte Ort vor unserem Ziel. Wir haben in den vergangenen eineinhalb Stunden nur drei Kilometer geschafft!

Von La Faba steigt der Weg weiter steil an. Er führt über Berghänge, auf denen sich Almwiesen und Heide abwechseln. Man müsste eine herrliche Sicht auf die Höhen des Ancares-Gebirge haben. Leider aber ist es neblig, sodass wir höchstens fünfzig Meter voraus sehen können. Es regnet unaufhörlich. Starker Gegenwind ist aufgekommen, der uns den Aufstieg noch beschwerlicher macht. Gabriele leidet mehr und mehr unter den Mühen und schreitet nur noch langsam voran. Markus bietet sich an, ihren Rucksack zu übernehmen, und schnallt ihn vor die Brust. Mächtig legt er sich ins Zeug, um die fünfundzwanzig Kilogramm Gepäck von zwei Rucksäcken auf den Gipfel zu tragen. Seine gute Laune beeinträchtigt das nicht. Es ist rührend zu sehen, wie kameradschaftlich er sich um seine Mutter kümmert und trotz zusätzlicher Belastung aufmunternde Worte für sie findet. Überhaupt, so denke ich, sind die Bande zwischen allen Familienmitgliedern durch die Erlebnisse der Pilgerreise und besonders durch solche Tage wie heute noch stärker geworden. Ich würde das jetzt gerne auf dem Fragebogen in Roncesvalles unter der Rubrik „Motive" nachtragen. Damals konnte ich es noch nicht wissen.

Keuchend und die letzten Kraftreserven mobilisierend rackern wir uns den Feldweg hoch und betreten El Cebreiro sozusagen von hinten. Für die letzten sieben Kilometer haben wir drei Stunden gebraucht. Gabriele ist völlig erschöpft, ich fühle mich auch sehr angestrengt, sogar unsere Söhne haben dem Berg Tribut zollen müssen.

El Cebreiro, das sind ein Dutzend ein- bis zweistöckiger Häuser aus Stein, mit Schindeln gedeckt, einige Rundhütten mit Strohdächern, eine einfache Kirche im vorromanischen Baustil einer Basilika und die restaurierten Überreste eines Klosters. Darin befindet sich heute die Hospederia de Cebreiro, ein gemütliches Gasthaus, dessen Namen „San Giraldo de Aurillac" auf den französischen Orden verweist, dem Alphons VI. Ende des elften Jahrhunderts das Kloster zur Leitung übergab – übrigens demselben Orden, der mit den Cluniazensern aus Villafranca wegen des Baus eines Hospizes in Pereje im Streit lag. Das einsame Gotteshaus neben der Hospederia, mit gedrungenem Turm, der einen Helm aus Stein trägt, ist der Marienkönigin geweiht. Wir können es so spät nicht mehr besichtigen; alle Türen sind verschlossen. Im Inneren werden Reliquien aufbewahrt, die an ein Wunder aus dem vierzehnten Jahrhundert erinnern, das dem Ort eine große Berühmtheit eintrug.

Es war damals ein äußerst kalter Winter. Nur ein Mönch blieb noch in dem unwirtlichen Kloster zurück, um die Abendmesse für die Pilger zu lesen. Ein Hirte, Juan Santín, der in dem nahen Barxamaior lebte, kam jeden Abend den Berg herauf, um an dem Gottesdienst teilzunehmen. Selbst heftiger Sturm und starkes Schneetreiben konnten ihn davon nicht abhalten. An einem Abend, als es einen ganz besonders schrecklichen Schneesturm gab, glaubte der Mönch, er könne hinterm Feuer sitzen bleiben und brauche nicht hinaus in die kalte Kirche, die Messe zu feiern. Gleichwohl erschien aber auch an diesem Abend der Hirte, der sich auf die Messfeier freute. Lustlos erhob sich der Mönch, plagte sich in die Kirche und zelebrierte murrend die Messe. Die Worte der Wandlung sprach er ohne Überzeugung. Insgeheim belustigte er sich sogar über die Einfalt des frommen Hirten, in dem Stück Brot und dem Schluck Wein den Herrn gegenwärtig zu glauben. In diesem Augenblick wurde die Hostie zum Leib und der Wein zum Blut Christi. Es blitzte und donnerte, die Kirche war grell erleuchtet und in ihren Mauern erzitterte sie mächtig. Die Stimme Christi erscholl und schalt den Mönch, warum er nicht glaube, dass er, der Herr, bei ihnen sei, um die Messe mit ihnen zu feiern. Schließlich sei auch er als Hirte zu den Menschen gekommen.

In der Hospederia ist es sehr gemütlich. Die Decke besitzt noch das alte Gewölbe, und in dem hohen Kamin prasselt das Feuer. Der Wirt weist uns eine Tafel zu, die wir zu sechs Personen gerade mal nur zur Hälfte besetzen. Er fragt, ob es uns etwas ausmache, mit einer Dame zusammen zu sitzen, die alleine als Pilgerin unterwegs ist. Wir freuen uns, eine neue Bekanntschaft zu machen und andere Geschichten vom Jakobsweg zu erfahren.

Die Dame – ich verwende dieses Wort bewusst, weil es die zierliche Person richtig charakterisiert – stellt sich mit ihrem Vornamen vor: Sie heißt Christobel und kommt aus Cambridge in England. Während die Terrine mit duftender Gemüsesuppe für sieben Personen aufgetragen wird und ich die Portionen an alle verteile – schneller lässt sich Christobel nun wahrlich nicht in unsere Gruppe einbinden –, erzählt sie von ihrer Tagesetappe. Sie ist heute Morgen ebenfalls von Villafranca del Bierzo aufgebrochen, hatte es aber vorgezogen, in einer Pension zu übernachten. Sie nahm einen anderen

Weg, der so schön gewesen sein muss, dass sie jetzt, wo wir die Suppe genüsslich löffeln, immer noch von der herrlichen Sicht über das Ancares-Gebirge in der Sonne schwärmt.

Der Wirt tischt tortilla española (Omelett mit Kartoffeln) auf. Als wir weiter essen, fasst Christobel etwas mehr Zutrauen und berichtet, sie und ihr Mann seien den Jakobsweg schon öfter gegangen. Sie gehörten, obwohl Anglikaner, der Jakobsgesellschaft in England an. Ihr Mann sei Professor für Religionsphilosophie an der Universität Cambridge. Sie habe, nachdem die beiden Töchter aus dem Haus seien, das Seniorenstudium der Kunstgeschichte absolviert. Jetzt promoviere sie zu einem Thema über den Jakobsweg und sammle Materialien. So stehe diesmal ihr wissenschaftliches Interesse am Jakobsweg im Vordergrund.

Während wir versuchen, den nächsten Menügang, der aus riesigen Portionen Rindfleischeintopf mit Pommes frites besteht, zu „verdrücken", herrscht Ruhe. Die Bewältigung solcher Mengen verlangt ganze Konzentration! Erst bei Eistorte, café solo und einem reichlichen Brandy geht das Gespräch in lockerer Form weiter.

Christobel hat spezielle Führer über den Jakobsweg im Gepäck, die über Eigenheiten bestimmter Gaststätten und ihrer Wirtsleute berichten. Aus diesen Quellen kommt die Warnung vor dem Gastwirt Victorino Diez in Hontanas, der angeblich bei allein pilgernden Frauen aufdringlich wird. Ich gebe zu bedenken, dass jede Frau, die sich durch die Jakobsmuschel als Pilgerin zu erkennen gibt, in Spanien, so heißt es, für Männer tabu ist. Das sollte doch auch Victorino beherzigen. Von detaillierten Vorwürfen gegen Victorino weiß Christobel nicht zu berichten. So bleiben es nur Gerüchte, doch wenn ich es mir jetzt genau überlege, war sein Verhalten uns gegenüber ja auch ein wenig übertrieben.

Wir tauschen mit Christobel Adressen aus und glauben, uns in den nächsten fünf Tagen noch öfter zu begegnen, da wir fast dieselben Etappen bis nach Santiago de Compostela vorsehen.

Durch das spärliche Licht der Laternen gehen wir zur Herberge. Es ist immer noch neblig und regnerisch; dennoch: Es war ein fantastischer Tag!

Von El Cebreiro nach Samos

Es regnet immer noch! In den nassen Steinplatten der Aussichtsterrasse spiegeln sich die Bäume. Die Wolken hängen tief, die Sicht beträgt kaum fünfzig Meter. Vor dem milchigen Vorhang ist der Anblick der Rundhütte in der Mitte der Plattform trostlos. Dunkle Bündel von Reisern, schräg an die Mauer gedrückt und pyramidenförmig dicht zusammengesteckt, gerade so, als wenn sie die Wasserleitung davor schützen müssten, in der Kälte des Winters einzufrieren, zeugen von der Stimmung, die in der kaltfeuchten Jahreszeit herrscht.

Wie wir im Pilgerführer lesen, sollen auf diesem tristen und leeren Platz jährlich an einem einzigen Tag im September dreißigtausend Wallfahrer zusammenkommen, um das Fest der Heiligen Maria, der Schutzpatronin dieser Gegend zu feiern. Ein wenig Zweifel habe ich schon, wage aber nicht, es für unwahrscheinlich zu halten, da ich Sorge habe, es könnte sich ein zweites Wunder auf dem Cebreiro ereignen und wir würden von den Menschenmassen erdrückt.

Am Hang des Monte Pozo steigen wir vom Cebreiro ab und folgen der Landstraße nach Triacastela, einem wichtigen Abzweig unserer heutigen Wanderstrecke, der fast zwanzig Kilometer entfernt liegt. Der Weg führt uns durch eine Reihe von Orten, die wegen ihrer alten Kirchen und vormaligen Pilgerhospize bedeutend sind. Von den Pilgerhospizen gibt es heute kaum mehr Überreste, sie sollen zu den ältesten des Jakobswegs gezählt haben. Offenkundig bewegen wir uns in einem Gelände, das nach der Wiederentdeckung des Jakobsgrabs und der ersten Blüte der Pilgerreisen im neunten bis zum zwölften Jahrhundert eine wahre Hochkonjunktur im Bau von Gotteshäusern, Herbergen und Hospitälern erlebte. Cluniazenser, Aurillacenser, Benediktiner, Malteser, Johanniter errichteten hier Klöster, Prioreien und Komtureien und wetteiferten darum, sie an den strategisch besten Punkten des Jakobswegs zu platzieren.

Es regnet in Bindfäden; bei jedem Schritt platschen die Sohlen unserer Schuhe in den Wasserlachen auf dem Asphalt. Der Regen sammelt sich in den Nackenkuhlen unserer Ponchos. Beinahe haben wir Sorgen, er weiche die Plastikhaut allmählich auf. Die Haarspitzen hängen uns nass in die Stirn. Über die Kragen der Wollhemden dringt der Regen bis zum Halsausschnitt der Pullover. So sehr wir auch alles festzurren, die Ponchos spülen uns bei jedem Schritt den ablaufenden Regen in die Hosenbeine. Solange wir gehen, spüren wir die feuchte Kälte nicht, die in unserer Kleidung steckt. Wenn wir für einen Moment stehen bleiben, wird es uns sofort kalt.

Ein Höhepunkt leidvoller Entmutigung widerfährt uns, als wir die Passhöhe des Poyo erreichen. In Wind und Regen haben wir uns hochgekämpft. Auf der linken Straßenseite kommt ein Restaurant in Sicht, das heißt, wir stehen schon davor. Es ist verschlossen. Der Regen prasselt gegen Scheiben und Schlagläden und trommelt auf den Fensterbrettern. An Sommertagen werden sich die Wirte kaum vor Gästen retten können, die hierher kommen, die prächtige Aussicht zu genießen. Aber jetzt ist es hier enttäuschend leblos. In der oberen Etage wird eine Rollade hochgezogen, eine Frau öffnet das Fenster und schaut zu uns herüber. Für einen Moment schimmert Hoffnung auf eine Rast in warmen Räumen bei heißem Tee und belegten Broten. Doch die Frau schüttelt ein Tischtuch aus, schließt das Fenster und lässt die Rollade wieder herunter. Wir fühlen uns behandelt, als seien wir Teil des schlechten Wetters und würden dafür bestraft.

Auf dem Alto del Poyo macht eine blass leuchtende Neonreklame auf die Posada del Peregrino, ein Pilgergasthaus, aufmerksam. Erfreut folgen wir dem Hinweis und kehren ein. Die Wirtin bittet uns in die Küche, die sauber und vor allem warm ist. In der Mitte steht ein großer Herd, auf dem viele Töpfe, Kessel und Pfannen gleichzeitig erhitzt und warm gehalten werden können. Wir lassen uns um den Herd herum nieder. Kaum haben wir Platz genommen, gesellen sich Pablo und Thomas zu uns.

Wir laden die beiden Jungen, die mit ihrem Budget sparsam umgehen müssen, zur Mahlzeit ein, was sie freudig und mit höflichem Dank annehmen. Für jeden von uns gibt es zwei große Brotscheiben mit viel Schinken und Spiegeleiern; dazu heißen Tee oder Kaffee. Dann beköstigt uns die Wirtin mit reichlich Brot, Honig und Kakao. Auffallend großzügig geht es dabei zu. Das Glas mit selbst hergestelltem Honig macht unter aufmunternder Aufforderung der Wirtin immer wieder die Runde. Die Tee-, Kaffee- und Kakaoportionen sind so reichhaltig, dass wir bald gesättigt abwinken müssen. Offenkundig genießt es die Wirtin, uns zu verpflegen und zu sehen, dass wir uns bei ihr wohl fühlen.

Fünfunddreißig Euro kostet die Mahlzeit zu acht! Ein Spottpreis, und eigentlich wird daran deutlich, wie töricht es ist, sich darüber zu mokieren, wenn man in einer Bar wie in Virgen del Camino einmal etwas zu viel bezahlt. Über die gesamte Pilgerreise gleichen sich die Zahlungen sicherlich auf ein gesundes Maß hin aus, das keinen Anlass zur Klage gibt. Ich frage mich, als ich bezahle, was mir die Mahlzeit für uns Acht denn wert gewesen wäre, wenn ich die Wirtin im Restaurant zuvor hätte bitten müssen, die Rolladen oben zu lassen und uns einen kleinen Imbiss zuzubereiten. Ich komme in meinem Rechnungsbetrag leicht auf das Doppelte und freue mich, wie preiswert wir es doch durch die Fürsorge des Heiligen Jakobus in der Posada del Peregrinos angetroffen haben. Und einmal ehrlich gesagt, wer würde für acht Personen – denn mehr Pilger werden hier heute nicht mehr vorbeikommen – den ganzen Tag das Gasthaus offen halten, die Küche heizen, Spiegeleier auf Schinken und Brot backen, Tee, Kaffee und Kakao in großen Mengen anbieten und den eigenen, selbst gemachten Honig unter den Gästen freigiebig kreisen lassen, nur um diese fünfunddreißig Euro einzunehmen? Allein, dass die Gastwirte schon auf uns warten, in der Ökonomie nennt man das „Bereitschaftskosten", ist mir dieses Geld wert. Und noch etwas: Bei durchschnittlich vier Euro Übernachtungsgebühr pro Person in der Herberge – eher müsste man von einem Almosen sprechen – können die Wirte keine großen Profite machen. Es ist keine Frage: Der Pilger wird heute von Kirche und Staat, ja ich neige dazu hinzuzufügen, und von den Gastleuten, wie wir sie in der Überzahl kennen gelernt haben, in vieler Hinsicht subventioniert. Das ist der Grund, warum ich so oft davon schreibe, was wir gegessen und dafür bezahlt haben. Gute Erfahrungen geraten schnell in Vergessenheit.

Es ist ein Uhr und Zeit aufzubrechen. Wir haben uns fast eine Stunde in der Posada aufgehalten. Bis zur nächsten Rast in Triacastela liegen zehn Kilometer vor uns, dann bleiben neun weitere bis zur Klosterherberge von Samos. Es regnet immer noch, und die Sicht ist weiterhin schlecht! Wir schultern die Rucksäcke, schlüpfen wieder in unsere Regenponchos und sammeln alle Zuversicht für die kommende Strecke. Allerdings gibt es leichte Verbesserungen im Wetter zu vermelden. Der Wind hat sich gelegt, es regnet nicht mehr in Bindfäden, dafür aber in einer friedlichen Gleichmäßigkeit, die jedem Bauern Freude machen würde, uns aber mit größtem Argwohn erfüllt. Ich hadere mit diesem galicischen Wetterschicksal und erwische mich dabei, wie ich Petrus, dem Apostel, der ja für das Wetter verantwortlich sein soll, ziemliche Vorwürfe mache, warum es nicht mindestens zwei schöne Tage hintereinander gibt wie auf unserer Pilgertour durch Navarra.

Es hilft also doch! Petrus scheint eine halbe Stunde später, als wir beim Abstieg vom Poyo die Ortschaft Fonfría passieren, mit uns ein Einsehen zu haben, allerdings, wie sich noch zeigen wird, nicht ohne sich doch auch ein bisschen für meine ungeduldige Aufmüpfigkeit zu rächen. Die Wolken steigen höher und reißen auf; es hört auf zu regnen. Erstmals haben wir einen fantastischen Blick über die Wälder des Ancares-Gebirges, die in der Sonne liegen. In weiten Hängen, immer wieder von Hügeln und Kuppen ausgebeult, fällt das begrünte Gebirge sanft nach Westen ab. Wir können weit hinab bis in die Täler der Flüsse und Bäche schauen, die ihr Wasser zum fünfzig Kilometer entfernten Rio Miño bringen und ihn zu einer riesigen Talsperre anschwellen lassen. Triacastela glauben wir schon nahe zu sehen.

Auf der Landstraße trotten wir in mäßigem Tempo abwärts. Wir können uns bequem vom einen in den anderen Schritt hineinfallen lassen. Nur zu gerne erlauben wir uns deshalb, uns von der unerwarteten Fernsicht und dem Reiz der Landschaft fesseln zu lassen. Die Blicke können nicht weit und lange genug schweifen; endlich ist die Möglichkeit da, sich über Galicien von seiner schönsten Eintrittsschwelle her ein Bild zu machen. Da ich ins Schwärmen verfalle, bemerke ich Petrus' kleine Rache nicht – und die wird noch Folgen haben. Denn, obwohl ein großer planierter Fußweg den Cebreiro großzügig mit Santiago de Compostela verbindet, verpassen wir diese Route. Stattdessen folgen wir der Landstraße, wodurch der Weg nach Triacastela wegen der vielen Straßenschleifen vier mühsame Kilometer länger wird.

In Triacastela suchen wir die Bar Rio auf. Wie wir von Einheimischen erfuhren, verwaltet der Wirt den Stempel der Pfarrkirche Santiago, den wir unbedingt in unseren Pässen haben wollen. Zugleich nutzen wir den Aufenthalt zu einer längeren Pause. Ich habe großen Appetit darauf, Pulpo a la Gallega zu probieren. Das führt bei dem sehr freundlichen Wirt zu einiger Konfusion. Alles, was ich verstehe, ist, dass er Tintenfisch galicischer Art nicht habe, es dieses Gericht bei einer Fiesta gäbe, die aber einige Orte weiter stattfinde. Ich solle mich wieder hinsetzen – ich war in der Zwischenzeit von meinem Stuhl aufgesprungen, als könnte ich mangelhafte Verständigung durch spontane Dynamik ersetzen – und entspannen; er werde schon etwas bringen. Zu unserer Überraschung verlässt er die Gaststätte, nicht ohne mich vorher mit einem „tranquilo!" zu beruhigen, einem Wort, das bei mir in Spanien geradezu stets den gegenteiligen Effekt auslöst. Wir übertreffen uns in Vermutungen darüber, was der Wirt gesagt haben mag, bevor er wegging. Währenddessen trinken wir Limonade und essen belegte Brote. Nach einer viertel Stunde bringt der gute Mann in einer Blechschüssel drei große Portionen gebratenen Tintenfisch. Wir wissen nicht, woher er sie in dieser kurzen Zeit gezaubert hat. Die Arme des Tintenfisches sind in Scheiben zerlegt, aber noch von Haut mit Saugnäpfen überzogen. Wegen unserer zurückhaltenden Reaktion auf den ungewohnten Anblick scheint der Wirt unsere Zweifel zu ahnen, ob diese Art der Zubereitung denn wirklich richtig ist. Er beeilt sich, darauf hinzuweisen, dass das eben die echte Art von Pulpo a la Gallega sei. Mit etwas Salz und Brot würde das jedermann in Galicien so essen. Es schmeckt gut, doch die Art der Darbietung im Restaurant in Carrión de los Condes gefiel uns besser.

Gabriele möchte heute nicht weiter wandern. Sie fährt mit dem Taxi zum Kloster Samos.

Zwei Überraschungen erleben wir, als wir beim Verlassen von Triacastela über die kleine Plaza do Concello, den Platz der Ratsversammlung kommen. Der Platz wird gerade für eine Fiesta hergerichtet, bunte Buden sind an allen Seiten aufgestellt. Händler bieten Waren feil, die man von jeder Kirmes kennt und bei etwas Glück durch Lose gewinnen kann. An einem Stand entdecke ich, dass köstlich duftender Pulpo a la Gallega zubereitet wird. Nun löst sich das Rätsel, woher der Wirt die Portionen beschaffte. Ich kehrte gerne wieder zur Bar zurück, ihm für seine Gastfreundschaft zu danken, wenn mir das zweimalige Laufen der Strecke nicht zu mühselig wäre.

Die zweite Überraschung kommt in den Gestalten von Pablo und Thomas daher. Beide waren nach uns auf dem Poyo aufgebrochen, hatten uns dann aber überholt, als wir den Weg verpassten. Eine Stunde vor uns gelangten sie nach Triacastela, sind dann jedoch einem völlig falschen Weg in die Berge gefolgt, von dem sie wieder hierhin zurück mussten. Nun gehen wir die Strecke nach Samos gemeinsam.

Die Straße führt uns durch das Tal des Río Ouribio. Mandelbäume und Nusssträucher wachsen hier und breiten sich bis zu den schrundigen Rändern des Tals hin aus. Kastanienbäume setzen kräftig leuchtendes Grün an.

Regen hat wieder eingesetzt, diese wohl dosierte Menge an Landregen, die zu gering ist, als dass sie schon rauschen würde, aber uns mit dem ausreichenden Maß an Nässe plagt, um ihn trotz Regenponchos als unangenehm und lästig zu empfinden. Hätte ich mich heute Mittag, als ich meine Auseinandersetzung mit Petrus hatte, noch mit zwei sonnigen Tagen hintereinander zufrieden gegeben, so scheint mein jetziges Begehren schon fast einem Pakt mit dem Teufel gleichzukommen. Mir geht der Dauerregen mehr auf die Nerven als die Hitze des Sommers. So wäre ich jetzt bereit zu tauschen.

Pablo und Thomas tun mir Leid. Beide haben nur ihre Windjacken gegen das schlechte Wetter. Sie versuchen, sich mit Regenschirmen zu schützen, doch auf die Dauer nässt ihre Kleidung rundum durch. Ihre Rucksäcke saugen den Regen auf, und alle Sachen, die sie darin mitführen, werden allmählich nass. Jetzt erkenne ich den Nutzen unserer Regenponchos, die über die Rucksäcke gezogen werden können. Der Verkäufer musste mir damals gut zureden, da ich fand, dass die Capes mit ihren Höckern hinten drauf idiotisch aussähen.

Wir steigen einen aufgeweichten und matschigen Weg links auf die Höhen des Talrandes hinauf, der die Strecke über die Straße abkürzt. Es regnet immer noch. An Weiden entlang wandern wir auf Samos zu. Es ist ein überwältigender Eindruck, wenn man nach der letzten Kehre des Wegs von der Höhe auf die Benediktinerabtei hinabblickt, die wie ein großes viereckiges Kastell am Río Ouribio errichtet wurde. Wie eine Festung baut sich die Abtei über dem Fluss auf; leuchtend hell blühender Raps breitet einen farbigen Teppich vor den Klostermauern aus. Ein Eisengitter umzäunt das Anwesen. Die Felder des Gitters, die Jakobsmuschel an Jakobsmuschel reihen, sind kunstvoll geschmiedet. Vor dem tiefgrünen Hintergrund der Wiesen treten die eisernen Jakobsmuscheln wie Fanfaren der Hoffnung hervor.

Hinter mächtig dicken Mauern liegt im Parterre die große Herberge. Sie besteht aus einer langen Halle, an deren Stirnseite die sanitären Anlagen installiert sind, spartanisch, wie es sich für Klöster gehört, und kein Vergleich zu den komfortablen Gemeindeherbergen. Im Sommer halten die Mauern die Hitze ab, und das hohe Gewölbe spendet angenehme Kühle. Im Winter und im regnerischen Frühjahr setzt sich jedoch die Nässe im Gemäuer fest und die Luft in der Herberge

Kloster Samos

Kloster Samos

wird feucht und kalt. Klamm fühlen sich die Matratzen an. Nach dem Duschen müssen wir rasch trockene Kleidung anziehen, um nicht auszukühlen. Eiskalt ist der Boden. Unter solchen Bedingungen tat Gabriele das einzig richtige, nachdem sie in der Herberge angekommen war. Nach dem Duschen zog sie trockene und warme Kleidung an, schlüpfte so in den Schlafsack und liegt nun, da wir die Herberge betreten, eingemummt und mit einer Wollmütze auf dem Kopf im Bett.

Pablo hat große Probleme. Seine Kleidung ist völlig durchnässt, die trockene Wäsche im Rucksack sog den Regen gierig auf. Aber auch für diesen Fall hat der pfiffige Kerl eine Lösung: Er holt eine feine Aluminiumfolie aus seinem Gepäck, wickelt sich darin halb nackt ein und kriecht in seinen Schlafsack.

In mein Tagebuch notiere ich: „Noch vier Tage bis Santiago!". Klar, diese Formulierung lehnt sich an den Ausspruch der Juden an, den sie am Ende des Cedar-Festes tun und aus der Zeit der ägyptischen Gefangenschaft beibehalten haben: „Nächstes Jahr in Jerusalem!". Aber, warum schreibe ich das gerade vier Tage vorher auf? Die Zahlen Drei, Fünf oder Sieben hätten näher gelegen. Die Dreifaltigkeit plus der Heilige Jakob, das muss die Erklärung sein!

Von Samos nach Ferreiros

Kalt und ungemütlich ist die Nacht. Wenn ich wach liege, werde ich an die Übernachtung in der Klosterherberge von Roncesvalles erinnert. Fahl fällt das Mondlicht in die Fenster der Herberge. Die Mauern sind so dick, dass der Schein in den Fensternischen stecken bleibt. Es hat aufgehört zu regnen; das lässt auf einen trockenen Pilgertag hoffen.

Um acht Uhr gehen wir los. Pablo und Thomas nehmen Notiz von unserem Aufbruch, wollen aber noch eine Weile liegen bleiben. Als wir beim Verlassen der Herberge das schwere Holzportal ins Schloss ziehen, klingt das wie ein Abschiedsgruß. Tatsächlich haben wir die beiden bis Santiago de Compostela nicht wieder gesehen.

Heute Morgen lassen wir es das erste Mal sehr gemütlich angehen. Unser Etappenziel Portomarín soll laut Angaben unseres Pilgerführers nur fünfundzwanzig Kilometer von Samos entfernt sein. Bald sind wir in Sarría, und dann haben wir die Hälfte der Tagesetappe hinter uns. Als wir durch die leere Straße hinauf in die Altstadt von Sarría gehen, ist es schon Mittag. Die Spanier halten jetzt Siesta. Diese Inaktivität nimmt auch von uns Besitz. Wir strecken uns auf den Parkbänken gegenüber der Kirche aus und dösen in der Sonne. Drei Uhr ist es, als wir uns endlich aufraffen weiterzugehen. In fünf Stunden haben wir gerade einmal zwölf Kilometer zurückgelegt.

Von der Burghöhe der Stadt steigen wir steil hinab zum Río Celeiro, den wir auf der engen römischen Brücke Ponte Aspera überqueren. Warum gerade diese harmlose und so malerisch gelegene Brücke als rau und beschwerlich bezeichnet wurde, dafür gibt es Gründe. Ihr Bodenbelag ist nicht eben, so enthält der Beiname eine versteckte Kritik an der mangelnden Sorgfalt der Brückenbauer. Die wehrhaften Keile an den Brückenpfeilern verraten aber auch, dass das unscheinbare Flüsschen zur Regenzeit und Schneeschmelze zu einem reißenden Gewässer anschwillt, wodurch die Überquerung gefährlich werden kann. Ein Steinkreuz auf der anderen Seite der Brücke erinnert daran, dass mancher diese Gefahr nicht überstand.

Die Schicksale der Vergangenheit fechten uns nicht an. Das Wetter ist viel zu schön, um Gedanken an schreckliche

Galicischer Getreidespeicher

Ereignisse aus alten Zeiten zu vergeuden. Unsere Sinne sind darauf konzentriert, den Augenblick zu leben und die Eindrücke dieses herrlichen Tages intensiv aufzunehmen.

Jenseits der Bahnlinie Madrid - La Coruña, die hier parallel zum Río Celeiro verläuft, führt der Jakobsweg auf trockener Piste durch Haine von Kastanien und Eichen hinauf zu einem prächtig aus Stein gestalteten Hochkreuz, das mitten zwischen Büschen an einem Wegknotenpunkt steht. Kreuzstamm und Querbalken sind quadratisch und an den Enden wie Kronen ausgeformt. Auf der Vorderseite wird Christus als König und auf der Rückseite als Gekreuzigter dargestellt. Die Frauen unter dem Kreuz – Maria und Magdalena – hat der Künstler unter die Querbalken postiert. So viel Schutz durch den Sohn des Allmächtigen gibt auch uns Trost und Mut.

Auffällig sind in dieser Gegend die galicischen Getreidespeicher, die man in den Höfen der Bauernhäuser findet. Sie sehen aus wie Schreine und stehen auf Steinplatten, damit Mäuse und Ratten nicht an die Frucht herankommen. Vorder- und Rückseite ähneln Steinportalen und tragen auf den Simsen Symbole, die an kleine Obelisken, Windrosen oder Sonnendarstellungen erinnern. Die Türen und Seitenwände aus Holzlatten lassen genügend Luft durch, damit die Ernte bei Feuchtigkeit nicht vermodert. Ein Spitzdach aus Holz- oder Steinschindeln schützt gegen Regen. In den morastigen Höfen stellen diese aufwändigen Getreidespeicher eine feierliche Präsentation dar, wie dankbar die Bauern für ihren Bodenertrag sind.

Manche Wege, die zwischen Schieferplatten verlaufen, mit denen Gärten und Weiden eingefriedet sind, stehen knöcheltief unter Wasser. Das scheint für die Anwohner kein ungewohnter Zustand zu sein. Sie haben die Wege mit Granitquadern belegt, um auf ihnen trockenen Fußes zu laufen. Irgendwo hier findet man den von der Diputacion Provincial

Lugo aufgestellten Kilometerstein, der dem Pilger in rot ausgemalter Gravur die erfreuliche Nachricht verkündet, dass es bis nach Santiago de Compostela nur noch K.99 sind!

Die schlechte Nachricht für uns ist aber, dass wir Portomarín um achtzehn Uhr immer noch nicht erreicht haben, sondern nach dem Plan des Pilgerführers erst die Hälfte bis dorthin geschafft haben und uns kurz vor Ferreiros befinden. Irgendetwas muss mit den Kilometerangaben im Buch nicht stimmen; bei der Berechnung der Strecke von Sarría nach Portomarín dürften rund zehn Kilometer fehlen. Für uns wirft das einige Probleme auf. Gabriele ist müde und will weitere zehn Kilometer nicht mehr gehen. Die fehlerhafte Kilometerangabe drückt schwer auf ihre Stimmung. Zudem ist die Abenddämmerung nicht mehr allzu fern, und wir wollen nicht im Dunkeln weiterlaufen. Schwarze Wolkenbänke ziehen am Abendhimmel heran, und das erste Donnern eines nahenden Gewitters ist zu hören.

In unserer Bredouille haben wir wieder einmal Glück: In der Nähe von Ferreiros gibt es eine Herberge, die wir nach der Wegskizze des Pilgerführers nicht ausmachen konnten. Ihre komfortable Ausstattung stimmt uns versöhnlich; jetzt lachen wir über unseren Kleinmut, der uns überfiel, da wir noch keine Lösung wussten, wo wir übernachten könnten. Zur Regel müssen solche Erlebnisse aber nicht werden!

Wir treffen Christobel in der Herberge wieder. Sie ist eine halbe Stunde vor uns angekommen. Von Triacastela aus ist sie gestern der anderen Route nach Sarría entlang der Nationalstraße N. VI gefolgt und hat in der kleinen Gemeindeherberge von Calvor übernachtet. Auf die Mitteilung dieser Fakten beschränkt sich unser Gespräch; selbst für eine Engländerin mit distinguiertem Verhalten ist Christobel außerordentlich wortkarg.

Noch drei Tage bis Santiago? In drei Tagen in Santiago! Wir beschließen, die neun Kilometer, die uns heute noch bis Portomarín fehlen, morgen an die Tagesetappe dranzuhängen. Dann müssen wir bis Mato-Casanova zwar achtunddreißig Kilometer gehen, können unsere ursprüngliche Reiseplanung aber beibehalten. Wir einigen uns darauf, die letzte Tagesetappe auf jeden Fall kurz zu halten, damit wir früh und noch einigermaßen frisch unser Pilgerziel erreichen, die Ankunft in Santiago de Compostela auch richtig genießen können.

Von Ferreiros nach Mato-Casanova

Christobel ist die einzige Person, die in diesen Tagen noch mit uns pilgert. Sie will heute auch bis Mato-Casanova gehen. So werden wir uns wohl am Abend wieder sehen.

Über den zehn Kilometer langen Weg nach Portomarín ist nichts Sonderliches zu berichten. Durch den Regen in der Nacht sind die Wasserpfützen stärker angestiegen. Der Himmel ist bedeckt, es ist kühl, aber im Augenblick regnet es nicht.

Eine lange Brücke überspannt auf hohen Pfeilern den Río Miño, der zu einem mächtigen See aufgestaut wird. Auf der anderen Seite liegt Portomarín, das vor vierzig Jahren auf einer Anhöhe des Ufers völlig neu errichtet wurde. Der alte Ort fiel dem Stauseeprojekt zum Opfer; er lässt den Río Miño zu einem riesigen Gewässer in Galicien anschwellen. Die Spanier sprechen schwärmerisch vom „Vater Miño" wie die Deutschen vom „Vater Rhein".

Das alte Portomarín blickte auf eine bedeutende Vergangenheit zurück. Die spanische Königin Doña Urraca ließ in den kriegerischen Auseinandersetzungen mit ihrem ihr zwangsweise angetrauten Ehemann Alphons I. von Aragon im zwölften Jahrhundert die damalige Brücke zerstören und verhinderte damit erfolgreich dessen Einmarsch nach Galicien. Gleich drei Ritterorden, der der Jakobsritter, der Templer und der Johanniter begründeten zur gleichen Zeit die Herbergs- und Hospiztradition dieses Ortes. Die von ihnen erbauten romanischen Kirchen San Nicolás und San Pedro bzw. ihre Überreste wurden in einer gewaltigen technischen Aktion abgetragen und im neuen Portomarín wieder aufgebaut. Auf ähnliche Weise wurde ein Bogen der mittelalterlichen Brücke verlegt, unweit vom Ende der neuen. Über seine Stufen gelangt man hinauf zu einer Kapelle, die einst neben der mittelalterlichen Brücke stand, jetzt aber kurioserweise auf dem alten Bogen errichtet worden ist.

Auf dieses unverwechselbare Wahrzeichen des neuen Ortes wandern wir gerade zu. Rechts oberhalb davon liegt die Casa Ferreiro, in die wir einkehren, um zu frühstücken. Pueblo Ferreiros, Arroyo Ferreiros, Casa Ferreiro – das Schmiedehandwerk, das zur mittelalterlichen Hochblüte der Pilgerreisen in dieser Gegend betrieben wurde und recht einträglich gewesen sein muss, hat Orten, Bächen und Restaurants den Namen gegeben. Moderne Trekkingschuhe brauchen keine Nägel mehr, damit die Sohle länger hält oder griffiger ist. Fahrrad- und Autofahrer benötigen bei Pannen andere Kompetenzen als die eines Schmieds, und von den Hufbeschlägen einzelner Pferde, die mal einen Jakobspilger über den Camino tragen, kann ein ganzer Handwerkszweig schon lange nicht mehr leben. Die alten, sehr freundlichen Wirtsleute der Casa Ferreiro haben sich so ganz auf die Restauration verlegt, ohne dass zum Gastbetrieb noch eine Schmiede gehörte.

Von ihrem Haus haben wir eine prächtige Sicht. Die unregelmäßig geschwungenen Arme der Talsperre, deren Wasserflächen sich nur teilweise dem Auge erschließen, lassen den Blick, der trotz der Verwirrungen durch Brücken und Stege ergründen möchte, wohin sie sich fortsetzen, neugierig an den

Uferrändern entlangwandern. An manchen Stellen ist die Uferzone von Laubbäumen bewaldet. Höher hinauf folgen Pinien und Ginster, dann tiefgrüne, hügelige Felder.

Am Bach Torres entlang ziehen wir den Hang hinauf. Oft bleiben wir stehen und schauen zurück. Den Blick über den Stausee wollen wir fortwährend wiederholen, bis er sich als unauslöschliches Bild im Gedächtnis festbrennt. Leichter Regen setzt ein, als wir auf das dreizehn Kilometer entfernte Ventas de Narón zu marschieren. Es müsste nach unserer Karte ein wahrhaft wichtiger Knotenpunkt für Handel, Transport und Verkehr sein.

Gegen vierzehn Uhr kommen wir dort an. Wir hoffen auf eine Möglichkeit zum Mittagessen, eine Bar mit Lkw-Parkplatz, eine Tankstelle mit Minibistro oder wenigstens eine Holzbaracke mit Curry-Wurst und Brötchen im Angebot. Wir schauen uns um, gehen noch einige Schritte, halten wieder gespannt Ausschau, laufen noch einmal in eine andere Richtung – und finden nichts: keine Autos, keine Menschen; es regnet nur. Wir kommen uns ziemlich verloren vor. Gabriele würde gerne aufhören zu wandern, aber eine Transportmöglichkeit zur Herberge in Mato-Casanova besteht nicht. Wir müssen zum nächsten größeren Ort Palas de Rei, elf Kilometer entfernt, weiterpilgern.

Wir haben fast das letzte Haus von Ventas de Narón hinter uns gelassen, da muss der Heilige Jakobus mit Gabriele ein Einsehen gehabt haben. Seine Gunst trifft uns in Gestalt des einzigen Dorfbewohners, dem wir begegnen. Er trat gerade aus seinem Haus, um bei diesem scheußlichen Wetter nach dem rechten zu schauen. Ich frage ihn, wo es eine Gelegenheit zum Mittagessen gibt und wo wir ein Taxi für Gabriele bekommen können. Er antwortet, beides sei hier und auch bis Palas de Rei nicht anzutreffen, hält einen Augenblick inne, der uns frustrierend lang vorkommt, und bietet uns dann überraschend an, seine Frau könne uns einen Mittagsimbiss zubereiten. Danach fahre er Gabriele gerne zur Herberge nach Mato-Casanova. Wir würden mit Freude einwilligen, Gäste in seinem Privathaus zu sein, zögern aber noch einen Moment, ob das überhaupt zumutbar ist.

Das hört sich fantastisch an, ist aber in Wirklichkeit noch viel fantastischer! Es ist Samstagnachmittag! Nicht nur Siestazeit, sondern vor allen Dingen Wochenende. Das Haus ist geputzt, die gute Stube aufgeräumt und alle Familienmitglieder suchen Entspannung. Draußen stehen sechs Personen in Regenponchos, an denen das Wasser herunter trieft. Sie haben nasse Haare, beschlagene Brillen, schmutzige Wanderschuhe, und allmählich nässen auch die Hosenbeine unter den Ponchos durch. Wahrlich kein attraktives Bild, solche Leute ins eigene Haus, geschweige denn in die gute Stube einzuladen. Doch der Mann, nennen wir ihn Pedro, wiederholt seine Einladung so bestimmt, dass wir keinen Zweifel mehr haben, ihr folgen zu dürfen. Wir wollen den Fehler von Villava nicht noch einmal wiederholen, als uns damals zwei spanische Frauen zum Kaffee einluden und wir abschlugen. Spanische Gastfreundschaft zu missachten, diese Lektion haben wir mittlerweile auf unserer Pilgerreise gelernt, könnte die vierte Todsünde begründen. Also legen wir Ponchos und Rucksäcke ab, ziehen unsere Wanderschuhe aus, deponieren alles im Flur und folgen Pedro ins Wohnzimmer.

Josefina, Pedros Frau, begrüßt uns spontan mit großer Freundlichkeit, als wir eintreten. Ihr Verhalten offenbart, dass sie diese Gastfreundschaft nicht das erste Mal in ihrem Hause praktizieren. Pedro ist, wie er bald erzählt, nachdem wir uns im Wohnzimmer niedergelassen haben, Mitglied der Jakobsbruderschaft und setzt sich mächtig dafür ein, Einrichtungen des Pilgerwegs in seiner Region zu pflegen und für einen guten Ruf der Route zu sorgen. Josefina unterstützt ihn dabei tatkräftig.

Mit beiden kommen wir überein, für den reichhaltigen Imbiss und die Fahrt von Gabriele zur Herberge von Mato-Casanova einen angemessenen Preis zahlen zu dürfen – es wäre befremdlich, die Gastfreundschaft in der Weise misszuverstehen, man sei einfach eingeladen gewesen. Wir freuen uns, dass wir bei Unbekannten brüderliche Aufnahme und Hilfe fanden, in einem Moment, in dem wir ratlos waren, wie wir die Pilgerreise fortsetzen sollten. Hilfsbereite Menschen sind die Galicier!

Der Weg hinauf auf die Sierra de Ligonde führt durch herrliches Heidegebiet. Ginster, Heidekraut und Kiefern bilden ein Farbgemisch aus Gelb, Rot und Grün. Leider regnet es fortwährend. Wie werden die Pflanzen wohl glänzen, wenn nach dem Regen wieder der erste Sonnenschein auf die noch nassen Büsche und Bäume fällt?

Fast pünktlich zur Ankunft in Palas de Rei hört es auf zu regnen. Über eine breite Treppe steigen wir hinab zur Hauptstraße. Hier, wo im Mittelalter die Prostitution der Dienstmägde blühte, welche die Pilger aus Lust oder wegen des Gelderwerbs verführten – möglicherweise sogar aus beiden Motiven, was auf Grund der beneidenswerten Kombination noch verwerflicher war –, beherrschen am späten Samstagnachmittag ausschließlich Männer das Straßenbild. Eingepackt in warme Mäntel stehen sie in Trauben um die Eingänge der Bars und an den Theken und diskutieren laut. Beliebteste Getränke sind Cafe solo und Brandy de Jerez. Die Mischung von beidem in einer Tasse wird als Carachillo bezeichnet und brennt genau so heiß und scharf im Mund, wie es sich anhört. Andere trinken ein Bier und essen dazu fein geschnittene Scheiben von luftgetrocknetem Schinken, bei dem der Preis sehr von der Qualität abhängt. Davon kann das

Kilo sechs, aber auch siebzig Euro kosten. Darauf muss man achten, wenn man dem Kellner bedeutet, von welchem der auf Holzböcke aufgespannten Schinken er die Stücke abschneiden soll. Den Preisunterschied kann man schmecken!

Wir bestellen heißen Kakao in großen Tassen – für mich noch dazu einen Brandy, weil ich stärker als meine Söhne unter dem Wärmeverlust des Körpers leide; so wenigstens meine offizielle Begründung, um der Versuchung durch den Genuss erliegen zu dürfen. Eine Dreiviertelstunde verbringen wir in der Bar und schlürfen unsere Getränke. Die Beobachtungen sind zu spannend, als dass wir hätten früher aufbrechen wollen.

Die Herberge von Mato-Casanova liegt wunderschön. Es gibt Orte, die sind romantischer, als man es jemals beschreiben kann; der Standort der Herberge von Mato-Casanova ist ein solcher. Sie ist ebenfalls neu errichtet und ausgestattet, wie wir es schon von manchen anderen Herbergen kennen. Trotz ähnlicher Architektur ist sie aber individueller, unverwechselbar. Das macht die Kombination neuer, moderner Materialien von hoher Qualität. Auf den wichtigsten Effekt aber, der die Seele betrifft, kommen wir noch zu sprechen. Bleiben wir erst einmal beim Gebäude.

Im Parterre liegen große Aufenthaltsräume mit Kamin und Polstermöbeln. Handläufe aus Naturholz geleiten den Gast hinauf in die obere Etage. Auf ihr sind neue und komfortable Etagenbetten auf verschiedene kleinere Schlafräume verteilt. Jeder Schlafraum hat eigene Duschen und Toiletten. Die Fußböden sind aus Granit oder Terracotta, mit Fußbodenheizung. Die Holztüren sind dunkelgrün gestrichen. Dieselbe Farbe weisen die Fensterrahmen aus Aluminium auf. Passend dazu sind die Bettgestelle lackiert und stofflich ausgestattet. Hier dominiert überall die Farbe des Waldes, die Farbe der Weiden, die Farbe Galiciens! Wären alle Pensionen oder Herbergen am Jakobsweg wie diese eingerichtet, könnte teuren Reisen durch Nobelhotels Spaniens ernsthafte Konkurrenz durch preiswerte Wanderurlaube in Nordspanien erwachsen.

Gabrieles Ankunft muss, wie sie erzählt, die Herbergsverwalterin in ziemliche Verwunderung versetzt haben, da sie mit dem Taxi und sechs Rucksäcken ankam. Die Herbergsverwalterin vertraute ihr an, Christobel sei angekommen und habe auf sie sofort einen sonderbaren Eindruck gemacht. Mir fällt Christobels Bericht über den Gastwirt von Hontanas wieder ein, und ich wundere mich darüber, wie schnell Urteile von Pilgern über Gastwirte durch Urteile von Wirtsleuten über Pilger eingeschränkt werden können – es sind doch immer nur Vorurteile.

Wenn man die Herbergsverwalterin sieht, ist sofort klar, dass sie die Seele, der gute Geist an diesem Ort ist. Lebhaft berichtet sie darüber, wie sehr sie aufpassen müsse, dass die Herberge sauber bleibe und nicht durch ungebührliches Verhalten beschädigt werde. Sie weiß eine endlose Litanei aufzusagen, dass Besucher Seifenpapier auf den Ablagen der Waschbecken ankleben lassen, Zahnpasta zu Chemiewürsten aushärtet, gebrauchte Pflaster unappetitlich herumliegen, durchgelaufene und von Schweiß getränkte Socken auf Betten zurückbleiben, leere Getränkedosen achtlos in Ecken abgestellt werden.... Gegen stärkere Auswüchse kann sie sich nur erfolgreich wehren, wenn sie strikt auf Ordnung besteht. Befremden trat einmal auf, wie sie engagiert erzählt, als ein Belgier partout seinen großen Hund nachts neben dem Bett schlafen lassen wollte. Das duldete sie aus Sorge um die anderen Pilger und die Einrichtungen nicht und bot eine andere Möglichkeit in ihrem Hause an; als sie sich nicht einigen konnten, musste der Belgier wieder gehen.

Viele Pilgerberichte aus verschiedenen Zeiten wissen von seltsamen Sitten, Verhaltensweisen und Angewohnheiten der

Völker und Menschen zu melden, die entlang des Jakobswegs wohnen, und dass man sich vor ihnen in Acht nehmen muss, wenn man nicht Schaden leiden will. Misstrauen und Vorbehalte sind kein guter Nährboden, Erfahrungen in der Fremde gedeihen zu lassen und dort Freunde zu gewinnen. Man muss sogar fragen, wie viele Bücher nicht geschrieben worden sind, in denen Bewohner, Wirtsleute, Polizisten, Bürgermeister, Priester und Richter aus den Regionen Nordspaniens darüber hätten erzählen können, wie sie von angeblichen Pilgern aus fremden Ländern geschädigt oder belästigt wurden: Diebstahl, Betrügereien, Beschädigungen, Verschmutzungen.... Auch solche Erfahrungen können misstrauisch und zurückhaltend machen!

Carmen Morandeira Vazquez heißt unsere Herbergsmutter in wohlklingenden Namen und sie ist mit José Garcia Varela verheiratet, was sich nicht minder klangvoll anhört. Sie wohnen gegenüber der Herberge in dem kleinen galicischen Haus, in dem José groß geworden ist. Sie bieten uns an, gleich bei ihnen zu Abend zu essen, was wir bereitwillig annehmen.

Wir sind etwas verblüfft, als Carmen uns dazu in die Garage bittet. Doch als sie die Garagentür öffnet und das Licht einschaltet, blicken wir in einen hellen, sauberen Raum, der zu einem gemütlichen Abendessen nicht besser hätte hergerichtet sein können. Der Tisch ist einladend gedeckt, Heizstrahler an den Wänden sorgen für angenehme Wärme. Süßigkeiten, Wanderverpflegung, Kekse, Getränke, alles, was man während des Pilgerns zu brauchen glaubt, ist in den Regalen gelagert und kann an diesem gottverlassenen Waldrand bei Carmen und José gekauft werden.

José bringt vom Haus die vorbereiteten Speisen herüber, zugerichtet auf dem urigen Holztisch und dem alten Eisenherd in der Küche. Mit Nudelsuppe, tortilla española, riesigen Portionen Salat, Käse, Limonade, Bier, Milch, Gebäck, cafe solo und Brandy wird die Aufnahmebereitschaft unserer Mägen kräftig auf die Probe gestellt. Alle Speisen sind appetitlich zubereitet und schmecken köstlich. Frohe Gesichter stellen sich bei Carmen und José ein, als sie feststellen, dass sie uns tatsächlich satt bekommen haben und wir zufrieden auf den Stühlen sitzen. Christobel haben wir in diesem Speisenmarathon schon lange vorher abgehängt. Das Abendessen kostet für die ganze Familie noch keine dreißig Euro: eine galicische Subvention für ausländische Pilger. Und die nächste Freude sollte sich gleich noch ankündigen: Morgen gibt es Frühstück, mit frischem Brot. Hoffentlich haben wir dann schon wieder Hunger.

Noch zwei Tage bis Santiago!

Von Mato-Casanova nach Arca

Heute Früh, es ist Sonntag, werden wir von sonnigem und warmem Wetter überrascht, Anlass genug, es trotz der siebenunddreißig Kilometer, die wir uns vorgenommen haben, langsam angehen zu lassen.

Nachdem wir uns von Carmen und José herzlich verabschiedet haben, machen wir uns um zehn Uhr auf nach Melide, das etwa acht Kilometer entfernt ist. Zunächst pilgern wir durch Heidelandschaft. Unsere Stimmung ist gelöst und heiter. Nicht nur, dass Sonne und Wärme das Gemüt positiv stimulieren, auch die Gespräche und der Austausch von Eindrücken, die jeder von uns verarbeiten und den anderen mitteilen möchte, regen die Gedanken an. In der Sonne können wir jetzt sogar darüber lachen, wie wir gestern Abend hektisch und in schlechter Laune versucht haben, das letzte Stück Weg bis zur Herberge zu finden. Die Hyperaktivität ist schon zur Erinnerung erstarrt.

Bis zum Horizont reicht das Grün der Weiden. Gegen den blauen Himmel heben sich einzelne Hügel ab. Auf einer kleinen mittelalterlichen Brücke überqueren wir einen Fluss, den Río Seco. Wider jeden Sinn heißt er „Trockener Fluss", obwohl sich fette Wiesen zu beiden Seiten erstrecken. Der Name muss ein Zufallsprodukt sein, das entstand, als man die Bezeichnung für diese Wasserader versehentlich in einer außergewöhnlichen Dürrezeit vornahm. Denn aus den Erfahrungen, die wir in den letzten Tagen in Galicien gemacht haben, kann man nur berichten, dass in dieser vom Regen bevorzugten Gegend Wasser eher dort fließt, wo die Landkarten kein Flussbett vorsehen, als dass es dort fehlt, wo Wasserläufe eingezeichnet sind.

Brücken und Flüsse tragen hier in dem Grenzgebiet zu Portugal manchmal Namen in portugiesischer Schreibweise. Sie machen darauf aufmerksam, dass sich das Portugiesische aus dem Galicischen entwickelte und nach Süden wanderte. Das bemerkt man übrigens auch an Ortsnamen wie dem des Dörfchens San Xulián do Camiño. Viele andere Dörfer auf den letzten hundert Kilometern des Jakobswegs tragen ebenfalls Namen, die auf Handwerke, Kirchen und Wegstücke hinweisen, deren Verständnis sich allein aus dem Spanischen nicht erschließt.

Landschaft und Sonne lenken uns davon ab, bei Zeiten auf die Vorboten einer Wetterverschlechterung zu achten. Leichter Wind kommt von Westen auf, der frischer wird. Da sich die Temperatur immer nur in kleinen Schritten absenkt und die Sonne den Eindruck aufrechterhält, es sei noch warm, merken wir den Temperaturunterschied erst, als wir bei der Ankunft in Melide ausgekühlt sind. Das ist nicht verwunderlich: Die Einwohner tragen warme Kleidung, und wir gehen in leichten, kurzärmeligen Hemden daher.

Auf dem Vorplatz der Pfarrkirche von Melide wimmelt es von Menschen. Fliegende Händler bieten aus dampfenden Töpfen Tintenfisch galicischer Art an. An anderen Stellen werden Teigstränge, die über Stöcken hängen, im flüssigen Fett tiefer Kessel gekocht, wobei die Köche kunstvoll im Wechsel mal das eine, dann das andere Ende des Teigs in das Fett eintauchen. Es entsteht jenes Ölgebäck ohne Geschmack, das, in heiße Schokolade, Zucker oder Sahne getaucht, die Spanier zum Frühstück und zum Nachmittagskaffee gerne verzehren, klein geschnitten in Tüten wie Pommes frites aussieht: Churros heißen die Stücke in Spanisch und schmecken vorzüglich.

Volksfeststimmung herrscht auf dem Kirchplatz. Nord- und Schwarzafrikaner preisen aus Koffern Gürtel, Kämme und Spiegel an. Es ist Sonntagsmarkt, keiner, auf dem man landwirtschaftliche Produkte einkaufen könnte, sondern einer, auf dem es die üblichen Sachen zum Anziehen gibt. Bunt und laut geht es dabei zu, so als befände man sich in einem Souk.

Spannend ist es, die Menschen an den Ständen zu beobachten, an denen Dessous in grellen Farben von afrikanischen Händlern angeboten werden. Die Verkäufer malen werbend aus, wie hübsch die Frauen darin gekleidet sein könnten. Den Ehemännern wollen sie vermitteln, wie viel aufregender für sie durch die Unterbekleidung doch das Eheleben werden könne. Die eine oder andere Spanierin bleibt gerne stehen und blickt für eine Weile neugierig auf die Ware. Doch den Männern ist so viel offen bekundetes Interesse peinlich. Sie zupfen ihre Frauen ungeduldig am Ärmel weiterzugehen, obwohl sie selbst jede Gelegenheit nutzen, unbeobachtet schnell einmal einen Blick auf die ausgehängte Ware zu werfen.

Es ist kühler geworden, der Himmel hat sich mit Wolken bezogen. Bald setzt heftiger Regen ein, der uns zwingt, die Ponchos überzuziehen.

Aber auch auf einer Pilgerwanderung im Regen kann es beeindruckende Empfindungen geben, wenn man sich mit diesen klimatischen Misslichkeiten arrangiert hat.

Über tiefgrüne Böschungen schauen wir ins sanft geformte Tal des Río Iso, in dem malerisch die beiden Örtchen Ribadiso de Baixo und Ribadiso de Riba liegen, zwischen denen der Bach fließt. Beide Örtchen sind durch eine mittelalterliche Brücke verbunden. Hier steht das alte Hospital der Antoniter aus dem fünfzehnten Jahrhundert, das renoviert und zu einer vortrefflichen Herberge umgebaut wurde. Es ist ein außerordentlich idyllischer Platz am Jakobsweg – vielleicht nur noch vergleichbar mit dem von Trinidad de Arre. Im strömenden Regen bleiben wir an der Brücke und auf den Uferwiesen stehen, um uns lange dieses besonders pitoreske Bild anzuschauen. Es stört nicht, immer wieder den Regen von den Brillengläsern wischen zu müssen, um den Eindruck ungetrübt noch intensiver aufnehmen zu können.

Gegen halb vier erreichen wir Arzúa. Der Regen hält unvermindert an und klatscht uns von vorne ins Gesicht. Wir kehren in die Bar O'Retiro ein. Unsere Ponchos triefen derart von Regen, dass wir uns kaum trauen, den Gastraum zu betreten. Im Windfang setzen wir die Rucksäcke ab. Die Wanderstiefel hinterlassen kleine schmutzige Pfützen auf dem Fußboden. Die Wirtsleute schauen uns skeptisch an. In innerer Anspannung warte ich geradezu darauf, zurechtgewiesen und angefahren zu werden, wir mögen die Bar nicht verdrecken und uns nach einer anderen Möglichkeit umsehen, zu rasten. Der erste Satz des Gastwirts löst die Spannung. Wir hätten uns ein „Scheißwetter" ausgesucht, bemerkt er und bedeutet uns, Platz zu nehmen. Meine Bitte, mir einen Mob zu geben, mit dem ich die Pfützen aufwischen möchte, lehnt er mit herzlicher Barschheit ab: Es kämen heute noch mehr Gäste mit nassen Schuhen, das Aufwischen lohne sich nicht.

Bevor wir zu unserem letzten Teilstück nach Santa Irene aufbrechen, bestellen wir ein Taxi, das Gabriele und die Rucksäcke zur Herberge bringen soll. Ein Flurweg parallel zur Landstraße führt uns durch eine Reihe von kleinen Dörfern und am Rand eines Waldes entlang, in dem Pinien und Eukalyptusbäume stehen. Der Regen setzt uns weiterhin stark zu. Trotzdem nehmen wir uns Zeit, zwei bemerkenswerte Gegenstände am Wegesrand etwas genauer zu betrachten. Sie künden von tragischen Ereignissen, die hier stattfanden und uns sehr betroffen machen. Wanderschuhe sind ausgestellt, die völlig ausgetreten sind. Die Zungen der Schuhe hängen heraus, und die Schnürsenkel winden sich wie Spaghetti um den Schaft. Wie viele Hunderte Kilometer mögen sie wohl schon gelaufen sein? Die Schuhe gehörten einem älteren Pilger, der hier vor einiger Zeit an einem Sommertag auf dem Weg zum Jakobsgrab an Erschöpfung starb. Dreißig Kilometer vor dem Ziel wurde er Opfer der Strapazen. Darüber bin ich entsetzt; diese banalen Schuhe und der Ort, an dem sie stehen, mahnen viel handfester, an die Endlichkeit des Lebens zu denken, als dies der abstrakte Spruch am Friedhofstor hinter Los Arcos tat. Es ist die kurze, aber unüberbrückbar gewordene Distanz zwischen dem Ort der Trauer und dem der Freuden, die diese Tragik zum Denkmal werden ließ.

Ein Stück weiter sind auf einem Podest die zierlichen Sandalen eines Kindes zu betrachten, das bei einem Fahrradunfall auf dem Jakobsweg zu Tode stürzte. Das ist vielleicht noch viel grausamer, weil man sich vorstellen kann, welche Prüfung dieser Schicksalsschlag für die Eltern gewesen sein muss, die in der Familie zum Grab des Heiligen Jakobus unterwegs waren und das Liebste, was sie hatten, dabei verloren. Nachdenklich frage ich mich, wie die Eltern dieses sinnlos erscheinende Geschehen wohl verkraftet haben mögen – wenn überhaupt! Glaubensprüfungen kommen nicht nur im Evangelium vor, sie fanden für die Angehörigen der Toten durch die Ereignisse an diesen beiden Stellen statt. Und nicht immer konnte der Heilige Jakobus durch ein Wunder das Schlimmste verhindern.

Die Sandalen stürzen mich plötzlich in eine traurige Stimmung. Meine Gedanken gehen viele, viele Jahre zurück. Damals widerfuhr Stefan ein böses Unglück, und Thomas hatte einen schweren Verkehrsunfall. Lange waren Gabriele und ich in angstvoller Sorge, beide Kinder würden ihre Schicksalsschläge nicht überleben. Schließlich ersparte Gott uns die schlimmste Prüfung, und beide sind heute wohlauf mit uns auf der Pilgerreise. Dankbarkeit gegenüber unserem Schöpfer hat mich ergriffen und den Glauben gestärkt. Wie stark waren diese unbewussten Motive schließlich, den Jakobsweg zu gehen?

Die Wolken werden schwärzer, schon bald setzt Dunkelheit ein. Der Weg schlängelt sich zwar jetzt durch mehrere Orte mal auf der einen, mal auf der anderen Seite der Landstraße, aber wir können die Wegmarkierungen nicht mehr sehen. Wir haben Sorge, die Übersicht über die Strecke zu verlieren und vom richtigen Weg abzukommen. Erste Blitze zucken durch den Abendhimmel und schicken drohenden Donner hinterher. Ein mächtiges Gewitter nähert sich rasch und zieht mit aller Gewalt über uns hinweg. Es schüttet vom Himmel wie aus Kübeln. Hier und da tappen wir in Regenpfützen. Von oben leuchtet und kracht es in einem fort. Um meine Söhne herum, die sich vor drei Stunden noch so jugendlich forsch gaben, als sie den Wanderschritt beschleunigten, ist es ruhig geworden. Kleinlaut fragen sie, ob wir denn noch auf dem richtigen Weg seien – als ob ich das wüsste!

Auf der Landstraße gelangen wir nach Santa Irene. Erleuchtete Fenster sind zu sehen, aber eine Bar oder ein Restaurant können wir nicht ausmachen. Es ist mittlerweile stockdunkel, auf der Landstraße gibt es keinen Verkehr, und es regnet unvermindert stark weiter. Da unser Pilgerführer verspricht, am Ortsausgang die Herberge von Santa Irene zu finden, die im ehemaligen Rathaus eingerichtet ist, vertrauen wir darauf, gleich am Ziel zu sein. Gabriele und Christobel werden sicherlich schon auf uns warten, wir freuen uns auf das Abendessen mit ihnen. Es ist jetzt halb acht.

Als wir endlich zur Herberge kommen, wundern wir uns sehr. Sie ist verschlossen, wir sehen kein Licht. Wir hämmern mit den Fäusten an die Tür, betätigen mehrmals die Klingel, laufen an dem Gebäude hin und her und rufen laut immer wieder die Namen von Gabriele und Christobel. Wir klopfen erneut an, rütteln an den Griffen der Holztüren und schimpfen, warum denn niemand öffnet. Erwartungsvoll lauschen wir; es bleibt still, ganz, ganz still! Ungläubig wiederholen wir dieselbe Prozedur. Vergeblich! In der Herberge regt sich nichts. Wir stehen ganz allein im Regen und schauen uns ratlos an. Unendliche Enttäuschung macht sich breit, unsere Stimmung fällt ins Bodenlose. Was sollen wir jetzt machen? Wo ist Gabriele? Fragen über Fragen!

Als ob es eine Eingebung des Heiligen Jakobus gewesen wäre: In diesem Augenblick kommt ein Auto die Landstraße heraufgefahren und stoppt. Ein älterer Spanier steigt aus und teilt uns mit, die Herberge hier sei zurzeit nicht bewirtet, Gabriele warte auf uns in der Herberge von Arca, zwei Kilometer weiter. Der Spanier bietet an, einige von uns im Wagen nach Arca mitzunehmen. Wir bedanken uns für sein Angebot, beschließen aber, dem Gewitter und der Dunkelheit zu trotzen und die zwei Kilometer bis Arca auch noch zusammen zu wandern.

Die Gemeindeherberge von Arca entspricht in etwa der von Mato-Casanova, ist nur größer und geräumiger. Christobel ist nicht angekommen. Da sie in der Herberge von Santa Irene keine Unterkunft gefunden haben kann, haben wir keine Ahnung, wo sie geblieben sein könnte. Wir sind ihr den ganzen Tag über nicht begegnet.

Unsere Freude, dass wir diesen Tag bewältigt haben, ist groß. Bis zum Apostelgrab sind es nur noch achtzehn Kilometer! Als wir über den Plan für morgen reden, offenbaren die Söhne ein erhebliches Maß an Stil. Sie möchten, dass wir in Santiago de Compostela übernachten und die Abendmesse für die Pilger mitfeiern, die an diesem Tag in der Jakobsstadt ankommen.

Also: Morgen in Santiago de Compostela!

Von Arca nach Santiago de Compostela

Heute in Santiago de Compostela! Unsere Erwartungen sind hoch! All unsere Mühen und Anstrengungen sollen durch die Ankunft in der Wallfahrtsstadt und ihrer prächtigen Kathedrale belohnt werden. Welche Erlebnisse liegen im letzten Jahr hinter uns! Wir froren und schwitzten, wir genossen herrliches Frühlingswetter, wurden von der Hitze zermürbt und vom Regen total durchnässt, wir durchwanderten grüne Bergregionen und eine ausgebrannte Hochebene, wir waren erschöpft und blieben dennoch motiviert, wir trafen interessante Menschen und erfuhren fürsorgliche Behandlung, wir sahen monumentale Bauwerke in großen Städten und besuchten in der Landschaft verlorene architektonische Kleinodien. Und jetzt sind es nur noch achtzehn Kilometer bis zum großen Ziel! Gegen Mittag könnten wir in Santiago de Compostela sein, wenn wir frühzeitig losgingen und einen normalen Wanderschritt einschlügen.

Wir verhalten uns aber genau so irrational, wie wenn man in erwartungsvoller Spannung und großer Vorfreude einem besonderen Ereignis entgegensieht, das kurz bevorsteht, den Moment des Glücks aber möglichst weit hinauszögern

möchte, um ihn noch intensiver zu erleben, ja ihn in der Vorfreude länger festhalten zu können. Wir verlassen die Herberge von Arca erst gegen zehn Uhr und trotten den Jakobsweg entlang.

Auf weichem Boden spazieren wir durch einen ausgedehn-
ten Pinienwald. Dichte Farne umfließen die Bäume. Unsere
Gedanken eilen der Ankunft in Santiago voraus. Wie wird es
sein, wenn wir Hohlweg, Gebüsch und Hügel endlich hinter
uns haben, vom Berg der Freuden auf die Jakobsstadt hinab
blicken können und dann durch die Vororte, die Straßen und
Gassen, durch die vor uns schon Millionen von Pilgern gegangen sind, den Weg zur Kathedrale nehmen? Wie überwältigend und beglückend muss es sein, auf der weitläufigen
Plaza del Obradoiro anzukommen und vor der großartigen
Barockfassade der Bischofskirche zu stehen, dem in der ganzen Welt bekannten Wahrzeichen dieser Stadt!

Der Weg führt zum Río Lavacolla hinab. Mit diesem Fluss
hatte es schon immer seine besondere Bewandtnis, seit Pilger
nach Santiago de Compostela reisen. Nach Berichten des
mittelalterlichen Pilgers Aymeric nutzten die Menschen diese
letzte Gelegenheit, an den dicht bewachsenen Ufern des Río
Lavacolla ihre Kleider abzulegen und zu waschen, sogar im
Fluss zu baden, um sauber vor dem Apostel zu erscheinen,
mit gewaschenem Hals eben, wie die lateinische Wurzel des
Namens „Lava-colla" besagt.

Am Fluss machen wir Pause, strecken uns auf der niedrigen
Befestigungsmauer der Brücke lang aus. Der Himmel ist
kaum bewölkt. Die Sonne scheint auf unsere Körper, und wir
werden von wohliger Kraft durchströmt. Mit geschlossenen
Augen fühlen wir uns eins mit der Umgebung. Es ist ganz
ruhig in der kleinen grünen Aue. Wir hören, wie das Wasser
des Flusses spielt. Die Vögel singen. Ab und zu schwillt das
Summen an und wird wieder schwächer, wenn Insekten her-

anfliegen und sich entfernen. Wir wünschen, diesen Augenblick endlos festzuhalten.

Wir steigen zur Anhöhe San Marcos hinauf. Sie bietet eine malerische Aussicht auf die hügelige Landschaft, die in diffuses Sonnenlicht getaucht ist, das milchig durch dünne Wolkenschwaden bricht. Santiago de Compostela können wir noch nicht sehen, wohl aber schon den Monte del Gozo, den Berg der Freude, Mons Gaudii, Mountjoy, Montjoie, Monxoi, Montjuich..., wie er in all den verschiedenen Sprachen genannt wird. Von dort kann man erstmals auf die Heilige Stadt am Sternenfeld schauen. Wir verweilen, eilen nicht zielstrebig fort, sondern vertrauen darauf, uns vom Heiligen Jakobus führen zu lassen. Er wird schon wissen, wann wir bei ihm eintreffen sollen.

Der Monte del Gozo ist ein großes ausgedehntes Feld, auf dem eine riesige Herbergsanlage aus Baracken und Containern errichtet wurde. Das Refugio beeindruckt, es hat über zweitausend Betten. Außerhalb des Sommers, wenn nur wenige Pilger unterwegs sind, steht es fast leer. So entschied die Provinz Galicien klugerweise, die mit der Zentralregierung Spaniens viel Geld in dieses Hospiz investierte, die Herberge in solchen Zeiten als Unterkunft für Studenten der Universität von Santiago de Compostela bereitzustellen. Im Sommer, insbesondere in Heiligen Jahren, reicht auch der immense Bettenbestand für die Pilger nicht aus. Das lang ausgedehnte Feld hinter dem Hospiz ist so groß, dass noch einmal gut zehntausend Menschen dort kampieren können.

Mitten auf dem Feld steht ein hohes, weithin sichtbares Denkmal, das anlässlich des Besuches von Papst Johannes Paul II. errichtet wurde. Es erinnert auch an die Pilgerreisen des Heiligen Franziskus im Jahre 1213 und des Seligen Giovanni (Roncalli) im Jahre 1957, des späteren Papstes Johannes XXIII. Vier überdimensional große Stierhörner,

Ankunft in Santiago de Compostela

jedes in eine andere Himmelsrichtung weisend, und ein statt-
liches Kreuz sind oben auf das Denkmal montiert. Sie verwei-
sen auf ein Ereignis, das sich der Legende nach im neunten
Jahrhundert zutrug, als die Schlachten zwischen den Mauren
und den Spaniern tobten. Die kriegerischen Auseinandersetzungen gerieten in eine kritische Phase, sie würden über
dauernde Knechtschaft oder endgültige Befreiung vom Joch
der Nordafrikaner entscheiden. Um endlich den Sieg in dem
verlustreichen Kampf zu erringen, banden die Araber Stieren
Reiser zwischen die Hörner, zündeten die Reiser an und trie-
ben die Stiere in die Schlachtreihen der Spanier. Die Folgen
mussten für die verzweifelt kämpfenden Spanier verheerend
sein. Von einem solchen Angriff mit der ganzen Wucht der
heranrasenden Tiere würden sie sich nicht mehr erholen
können. In dieser äußersten Bedrohung kam der Heilige Jakobus den Spaniern zur Hilfe und wendete die Schlacht durch
ein Wunder zu ihren Gunsten. Der vorausrennende Stier blieb
auf Geheiß des Heiligen plötzlich stehen. Aus den Flammen
der brennenden Reiser formte sich in gleißendem Licht ein
Kreuz. Der Leitstier drehte um, alle anderen Stiere mit ihm,
und die ganze Herde überrannte die Schlachtreihen der Mauren. Sie richteten unter ihnen einen vernichtenden Brand an.
Es half den Mauren nicht, dass sie zur besonderen göttlichen
Unterstützung in ihren Reihen den Arm des Propheten als
Reliquie mit sich führten.

Der Abstieg vom Monte del Gozo unter der Autobahn her,
über Bahngleise und durch Vororte der Kleinindustrie ist
eintönig. Über die Straße und die Plaza de la Azabachería, das
Viertel der Jettschmuckverkäufer, gelangen wir zur Nordseite
der Kathedrale. Die Plaza ist einer der vier Plätze, welche die
Kathedrale umgeben und mit dem nötigen Abstand eine gute
Sicht auf das Gotteshaus erlauben.

Die Nordfassade ist wenig beeindruckend. Gleichwohl kann man sich von der etwas höher gelegenen Plaza de la Azabachería am besten ein Bild von der architektonischen Anordnung und den verschiedenen Bauepochen der Kathedrale machen. Schräg rechts hinter dem Nordportal streben die beiden Türme des Obradoiro, der Westfassade, in den Himmel. Sie scheinen die Kraft und die Gnade des Herrn für die Pilger auf die Erde herunter zu holen. Die gewaltige Wallfahrts- und Prozessionskirche ist auf den ersten Blick ein Meisterwerk des galicischen Barocks, obwohl viele Bauepochen, Stile und Anbauten in ihr zu einer Einheit verschmelzen.

In Ehrfurcht schaue ich auf diesen Bau, denn hier muss es gewesen sein, wo der Eremit Pelagius im Jahre 812 wiederholt die Erscheinung sah, dass Sterne über einer von Korkeichen bewachsenen und mit dichtem Gebüsch überwucherten Stelle standen. Er berichtete davon seinem Bischof, Theodomiro von Iria Flavia, dem heutigen Padrón, das zwanzig Kilometer von Santiago de Compostella entfernt liegt. Der Bischof ließ unter dem Gebüsch nachgraben, und man stieß auf einen römischen Friedhof vorchristlicher Zeit, auf dem der Leichnam des Heiligen Jakobus nach seiner wundersamen Überführung von Palästina beigesetzt worden war. Daneben fand man die Gräber seiner beiden Gefährten Theodor und Athanasius. Bis heute ist es noch ein Rätsel, ob sich der Name Compostella aus dem Lateinischen nun von der Sternenerscheinung (campus stellae) oder dem Begräbnisplatz (campus terra, compositum) ableitet.

Bischof Theodomiro errichtete über den Gräbern des Apostels und seiner Schüler schon bald die erste Kirche aus Holz und verlegte seinen Sitz nach Santiago de Compostela. Er starb im Jahre 847 und fand in der Krypta nahe dem Apostel seine letzte Ruhestätte. Fromme Könige, ehrgeizige Bischöfe und begnadete Baumeister und Künstler schufen in den nächsten vierhundert Jahren in rascher Folge immer größere und prächtigere Gotteshäuser. Berühmte Erbauer romanischer Gotteshäuser wie die Meister Bernardo, Esteban und Mateo, deren Schaffen wir schon zuvor an mancher Kirche und Kathedrale auf dem Jakobsweg bewundern konnten, wirkten an der Erstellung der Kathedrale mit.

Die Baugeschichte war von offenkundigen Beweggründen und merkwürdigen Geschehnissen begleitet, wie sie zum Beispiel mit jener herausragenden Persönlichkeit des Erzbischofs Gelmírez verbunden sind, der vielleicht am stärksten die welt- und kirchenpolitischen Interessen zum Ausdruck brachte, die von dem Jakobsdom in Compostela ausgingen. So wurde spekuliert, dieser Erzbischof, der stets um die Mehrung seines Einflusses bemüht war, habe zeitweise sogar die Absicht gehabt, dem Heiligen Stuhl in Rom die Führung der Christenheit streitig zu machen und den Sitz Petri durch den Stuhl Iacobi zu ersetzen. Die vorübergehende Exkommunikation dieses ehrgeizigen Mannes sowie der Aufstand der Bürger Santiagos im Jahre 1117 gegen den Pontifex, bei dem das Nordportal, die Puerta de la Azabachería, in Flammen aufging, belegen, wie sehr Gelmírez sein Herrschaftsstreben überzog. Für ihn war es ein viel versprechender Schritt, als Santiago de Compostela zur Kaiserkrönung Alphons VII. im Jahre 1135 schon lange vor Rom das Recht erhielt, in jedem Jahr, in dem der 25. Juli, der Jakobstag, auf einen Sonntag fällt, ein Heiliges Jahr zu feiern. Angesichts solch hoch gesteckter und gefährlicher Ambitionen ist es durchaus denkbar, dass der von Gelmírez direkt nördlich an die Kathedrale angebaute mächtige Palast ihm als prunkvolle Residenz und zugleich als schützende Zufluchtsstätte diente. Die religiös-politischen Strömungen von damals wirken noch in die heutige Zeit hinein: Das vereinte Europa sieht den Jakobsweg als gemeinsames Erbe an und ließ ihn vom Europäischen Parlament 1987 zum Europäischen Kulturgut erklären.

Südlich der Kathedrale betreten wir die Plaza de las Platerías, den Platz der Silberschmiede, um den herum das Handwerk im Mittelalter angesiedelt war. Er ist einer der entzückendsten Winkel der Stadt. Eine große Freitreppe führt zum gleichnamigen Portal, zur Puerta de las Platerías hinauf. Sie ist wegen ihres Figurenreichtums anschauenswert. An den Wänden, die ihren Eingang flankieren und von den Rundbögen der beiden Portale bis zum Sims hinaufreichen, wurden Reliefs und Plastiken der alten, im Jahre 1117 verbrannten Puerta de la Azabachería verbaut, jedes für sich ein Meisterstück der Romanik. Man erkennt Adam und Eva, die aus dem Paradies verbannt werden, Christus unter seinen Aposteln, von denen Jakobus zwischen Zypressen auf dem Berg Sion steht, die Jungfrau mit Kind sowie die Ehebrecherin.

Die bekannteste Figur der Südfassade, die des Königs David, die in die linke Seitenwand eingelassen ist, gehört zu den berühmtesten Plastiken spanischer Bildhauerkunst. Da sitzt der junge König, der einen kurzen krausen Bart trägt, mit gekreuzten Beinen auf einem Thron, der die Stadt Jerusalem symbolisiert, und spielt Geige. Sein Blick ist zum Platz hin gewandt, gleich so, als wolle er mit seiner Musik zur Anbetung Gottes herbeirufen.

Gegenüber, in der Rúa del Villar Nr. 1, befindet sich die Empfangsstelle für Pilger, das Oficina de Acogida del Peregrino. Hier wollen wir uns die Compostelana ausstellen lassen, Zeugnisbriefe, die seit dem vierzehnten Jahrhundert auf Wunsch für jeden ausgefertigt werden, der nachweist, dass er eine bestimmte Wallfahrtsstrecke zum Apostelgrab zu Fuß oder zu Pferd, heute auch auf dem Rad, zurückgelegt hat.

Im oberen Stockwerk des Büros begrüßt uns der Kanonikus Jaime García Rodríguez, Delegierter für Wallfahrtsangelegenheiten an der Kathedrale von Santiago. Der gute Kanonikus war schon sehr überrascht, dass sechs Personen einer Familie zu ihm hinaufstiegen. Jetzt, da wir uns alle um ihn herum versammelt haben und er sich drehen muss, um jeden von uns zu sehen, fasst er es immer noch nicht, dass wir die Pilgerreise von den Pyrenäen bis zum Jakobsgrab gemeinsam unternommen haben. Ob man die Pilgerurkunde überhaupt braucht, ist eine müßige Frage. In einer Welt, in der immer schon auf die Zertifizierung von Stand und Leistung Wert gelegt wurde, nimmt sich eine schriftliche Bestätigung darüber, dass man zum Jakobusgrab gepilgert ist, beruhigend aus: Wir können vorzeigen, dass wir da waren. Aber viel mehr als solch braven Beweis interpretiere ich das Papier für mich als „Ablassbrief"! Sicher, man muss fest daran glauben!

Der Kanonikus erkundigt sich nach unserer Herkunft und danach, wie es uns auf dem Jakobsweg erging. Als er bemerkt, dass unsere Pilgerpässe von der Deutschen St. Jakobus-Gesellschaft in Aachen ausgefertigt sind, und erfährt, dass ich aus Köln stamme, beginnt er, uns lebhaft von seiner Reise nach Aachen und Köln im Jahre 1992 zu erzählen und von einer Wallfahrt zur Gottesmutter nach Kevelaer, nordwestlich von Köln. Spontan holt er seine Kamera, er muss uns unbedingt auf einem Erinnerungsfoto festhalten.

Er konfrontiert mich völlig überraschend mit einem Ansinnen, das an Sympathiebezeugung, Ehrenhaftigkeit und – zumindest aus meiner Sicht – an Einmaligkeit nicht mehr zu überbieten ist. Er schlägt vor, ich solle in der Pilgermesse morgen Mittag, die mit dem Hochamt zusammenfällt, von unserer Pilgerreise erzählen. Unbewusst spüre ich, wie sich ein Kreis schließt, den die Augustinermönche in Roncesvalles bei der Kommunion unserer Familie in der Abendmesse schlugen. Ich bin überwältigt von dem Angebot, in dieser alt-ehrwürdigen Kathedrale, dem Haus des Apostels, vor vielen Menschen sprechen zu sollen – und auch noch in spanischer Sprache! Mit Bedauern lehne ich ab, da wir zu dieser Zeit bereits mit dem Zug wieder unterwegs zurück nach León und Astorga sein wollen.

Mit Abstand besehen: ein fataler Fehler! Aus der Begegnung mit den beiden älteren Damen in Villava, die uns anfangs unserer Pilgerreise auf eine Tasse Kaffee nach Hause einluden, was wir voreilig abschlugen, hatte ich wohl doch nichts, aber auch gar nichts gelernt. Sie waren ein Teil des Kreises, der sich in dem Pilgerbüro schloss. Wie viele Teile mag ich auf dieser Reise noch missachtet oder übersehen haben? Wie oft wird einem Menschen das Angebot zuteil, in der Kathedrale von Santiago de Compostela die Stimme erheben zu dürfen? Mir ist jetzt bewusst, es gibt Chancen, die kommen nicht wieder! Allein, ihre Möglichkeiten erfahren zu haben, ist ein begeisterndes Moment der Pilgerreise.

Pablo und Thomas, die beiden Jungen aus Nord- und Südamerika, sind noch nicht angekommen. Wo ist Christobel geblieben? Als ich darüber nachdenke, betritt sie überraschend das Pilgerbüro. Sie erzählt, dass sie gestern wegen des schweren Gewitters und heftigen Regens in Santa Irene in einer kleinen Pension Station nahm, da auch sie die Herberge verschlossen vorfand. Düster und kalt sei es gewesen, zu essen habe sie nichts bekommen. Heute Morgen lief sie schon lange vor uns los. Ihre Freude, uns hier wieder zu sehen, ist groß.

Zusammen gehen wir zur gewaltigen Plaza del Obradoiro westlich der Kathedrale und sind am Hauptportal der Kathedrale angekommen! Jetzt endlich fällt alle Anspannung von uns ab. Wir haben es geschafft! Wir haben unsere Pilgerreise nach Santiago de Compostela geschafft! Jeder von uns empfindet sein persönliches Glücksgefühl. Wir sind voller Freude darüber. Stefan drückt es als erster aus. Wir alle stimmen ihm zu. Er warf vor zwei Jahren, bei unserem Sommerbesuch in Puente la Reina, seinen Wunsch, diese Pilgerreise zu machen,

Vor dem Parador Reyes Católicos

Portalfassade des Parador Reyes Católicos

Kathedrale von Santiago de Compostela

am stärksten in die Waagschale. Er ist ein toller Kerl! Das sind aber alle vier Söhne! Und erst Gabriele! Sie musste sich am meisten von uns allen über den Jakobsweg mühen, manchmal sogar quälen. Wir haben ihr viel zugemutet, sie musste manches aushalten. Sie ist wahrlich gepilgert!

Langsam wandern unsere Blicke über die Fassaden der Bauten, die die Plaza umschließen und alle in einem anderen Stil errichtet wurden. Poeten schrieben, von dieser Ansicht fasziniert, man könne nachts einem Disput der verschiedenen Baustile lauschen, welche die Schönheit Spaniens ausmachen.

Hinter uns liegt das Hospiz der Katholischen Könige, das heute ein Luxushotel ist. Isabella von Kastilien und Ferdinand von Aragon ließen es für Santiago-Pilger bauen. Am Dachsims, von dem das Wasser durch Speier abgeleitet wird, die Menschen- und Tiergestalten darstellen, läuft eine steinerne Kette als Zierrat entlang. Sie ist Symbol des unendlichen, nicht abreißenden Stroms von Pilgern, die zum Grab des Apostels Jakobus kommen. Wir sind jetzt Glieder dieser Kette!

An der linken Seite des Platzes dominiert der Obradoiro, die wilde barocke Westfassade der Kathedrale aus dem achtzehnten Jahrhundert. Sie ist zweifellos das atemberaubendste Bauwerk der Plaza und gab ihr zugleich den Namen. Es scheint, der galicische Baumeister schuf dieses Kunstwerk bewusst in der übergroßen Form einer reich geschmückten spanischen Altarwand, so wie sie uns in der Kirche von Navarrete auffiel. Säulen, Giebel, Durchbrüche, Verzierungen, Nischen und Heiligenfiguren ziehen den Blick auf immer neue Details, an denen ich mich nicht satt sehen kann. Die Fassade setzt sich über Nischen mit den Figuren der Heiligen Theodor und Athanasius in einen hohen Blendgiebel fort, aus dem der Heilige Jakobus triumphierend und würdevoll auf den Platz hinabschaut.

Der meisterliche Erbauer Fernando de Casas y Novoa flankierte das Prunkstück galicischen Barocks durch die Ummantelung der beiden Glockentürme im selben Stil, wodurch sie sich geradezu schwebend von den zwei Treppenaufgängen abzuheben scheinen. Galerien, Erker, Voluten und schlanke Hauben verleihen ihnen die Leichtigkeit, mit der man ihrem Fingerzeig zum Himmel unmittelbar folgt. Die vorgebaute Westfassade schützt im Inneren den Pórtico de la Gloria, das architektonische Juwel der Kathedrale.

Verhalten, doch erwartungsvoll, gehen wir zum Westportal der Kathedrale. Über die Freitreppe steigen wir zum Eingang hinauf, treten durch die mächtigen Holztüren ein und stehen in dem gewaltigen Vorraum der Kathedrale, der dem Hauptschiff vorgelagert ist und den Pórtico de la Gloria, den Portikus der Herrlichkeit, umschließt. Achtzehn Meter breit, fünf Meter tief und zehn Meter hoch ist diese überwältigende Eingangshalle. Unsere Blicke und Bewegungen richten sich auf den schlanken Pfeiler des Portikus, der das große Tympanon des mittleren der drei Portalbögen stützt. Reben und Blätter symbolisieren auf der Marmorsäule den Baum Jesse, den Stammbaum Jesu, der sich nach oben zu einem Podest verstärkt, auf dem der Heilige Jakobus sitzt. In der rechten Hand hält er eine Schriftrolle, in der linken den Wanderstab. Mit der Gestik großer menschlicher Wärme begrüßt er freundlich jeden ankommenden Pilger. Seine gelösten Gesichtszüge, die wohlmeinende Miene und insbesondere seine roten Wangen, deren Bemalung aus dem siebzehnten Jahrhundert übrig geblieben ist, strahlen genau die Güte und Nachsicht aus, die jeder Pilger erwartet, nachdem er Hunderte von Kilometern zum Jakobsgrab gereist ist. Das Vertrauen darauf, dass Jesus seine Jünger mit der Autorität in die Welt hinaus gesandt hat, dass denen, denen sie die Sünden vergeben, auch vergeben ist, kann kaum größer sein als beim Anblick dieser Apostelfigur. Sie vermittelt das tiefe religiöse Gespür, dass der Glaube den

Pórtico de la Gloria

Pórtico de la Gloria

**Im Pilgerbüro von Santiago de Compostela
mit Jaime García Rodríguez**

Christen ausmacht und er nur durch ihn Erlösung und himmlische Freude erfahren kann.

Zwischen den Reben und Blättern des Baumes Jesse erkennt man fünf Vertiefungen, die gerade so verteilt sind, dass die Finger einer Hand hineingelegt werden können. Man weiß nicht, wer als erster Pilger an diese Stelle gegriffen hat, um nach langer mühevoller Wanderung dankbar die Säule des Jakobus zu berühren und ihn um sein Seelenheil zu bitten. Aber unzählige Pilger taten es ihm in den vergangenen Jahrhunderten gleich, sodass die Mulden immer tiefer wurden. Dieser Brauch wird von ankommenden Pilgern weiter gepflegt. Durch ihn soll etwas von der Kraft aller Pilger, die in die Vertiefungen fassten, auf den übergehen, der die Stelle ebenfalls berührt.

Hinter dem Pfeiler kniet, dem Inneren der Kirche zugewandt, der „Kopfstoßheilige", in dem eine Selbstdarstellung des Meisters Mateo vermutet wird. Eltern stoßen hier die Köpfe ihrer Kinder sanft an den der Steinfigur, damit etwas von der Genialität des großen Baumeisters auf sie übergehe. Tatsächlich muss dieser Mateo, der von einer galicischen Steinmetzfamilie abstammte und dessen Vater jener Pedro war, der die Brücke von Portomarín wieder errichtete, nachdem die Königin Doña Urraca sie während der kämpferischen Auseinandersetzungen mit ihrem Gemahl Alphons I. hatte einreißen lassen, genial gewesen sein! Man erfasst sein ganzes bildhauerisches Können erst allmählich, wenn man sich den Pórtico, seine über zweihundert Figuren sowie die vielen Symbole und szenischen Darstellungen mit Muße anschaut.

Der Portikus besteht aus drei Eingangsbögen, durch die man in das Mittelschiff der Kathedrale tritt. Sie ruhen auf zwei äußeren Wandpfeilern und zwei inneren Bündelpfeilern. Das mächtige Tympanon im Bogen des Mittelportals wird zusätzlich durch den Jakobspfeiler gestützt, der im Zentrum der

Wand steht. In der Höhe der Jakobsfigur schmücken sechzehn lebensgroße Plastiken die Pfeiler. Links stehen die Propheten, von denen Daniel, der dritte von rechts, durch sein schelmisches Lachen besonders auffällt. Rechts sind die Apostel aufgereiht, wobei man Petrus sofort an den schweren Schlüsseln erkennt. Die Skulpturen sind so ausdrucksstark, naturgetreu und erdverbunden, dass man der Überlieferung gerne glauben mag, Meister Mateo habe sie nach dem Vorbild galicischer Bürger, ja sogar einfacher Bauern und Fischer geschaffen, die ihm Modell standen.

Das Tympanon im Mittelbogen des Portikus, das alles an künstlerischer Darbietung überragt, ist der eigentliche Glanzpunkt der romanischen Figurenwand. Es beeindruckt durch seinen ungewöhnlichen Reichtum an Personen und die fröhliche Stimmung, die von ihnen ausgeht und auf den Betrachter überspringt. In der Mitte über dem Jessebaum und dem Heiligen Jakobus thront der siegreiche Christus, der den eintretenden Besuchern seine Wundmale zeigt. Man könnte meinen, er wolle dem ankommenden Pilger zurufen, die Bürde seiner Pilgerreise nicht zu schwer zu nehmen, sondern zu bedenken, welches Martyrium er zur Rettung der Menschheit auf sich nahm. Rund um die Christusfigur tragen Engel die Symbole der Evangelisten und zeigen die Leidensinstrumente. Über den Engeln stimmen Himmelschöre frohe Lieder an, die davon berichten, dass der Gekreuzigte über den Tod gesiegt hat und mit Triumph in den Himmel aufgefahren ist. Abgeschlossen wird das Tympanon durch einen Bogenlauf, auf dem die vierundzwanzig Ältesten der Apokalypse sitzen und dem Opferlamm im Gebet huldigen und neue Lieder singen. Sie spielen auf mittelalterlichen Musikinstrumenten und tun das so gekonnt, dass ihnen noch Zeit bleibt, sich während des Spiels heiter mit dem Nachbarn zu unterhalten. Die Darstellungen künden vom Triumph des Herrn und der himmlischen Herrlichkeit. Fröhlich und leicht ist die Stimmung, die von ihnen ausgeht und sich auf den Betrachter überträgt. Wirklich ein Pórtico de la Gloria!

Die Darstellungen über dem rechten Seitenportal weisen auf das Jüngste Gericht. Kinder, Geschöpfe der Unschuld und auserwählt für das Himmelreich, werden auf dem rechten Bündelpfeiler von Heiligen und Engeln hinüber zum auferstandenen Christus im Mittelportal geführt, ja teils sogar unter dem Arm dorthin getragen. Sie halten Verbindung zu den Geretteten, die zur Rechten Gottes und des Sohnes stehen. In Angst und Sorge um ihre Eltern beobachten sie, wie die Gerechten von den Ungerechten getrennt werden und schreckliche Ungeheuer die Verdammten anfallen und verschlingen. Das Bildnis lässt keinen Zweifel, was mit denen geschieht, die von den göttlichen Richtern nicht für würdig befunden werden, ins ewige Paradies einzugehen. Dennoch überwiegt auf ihm die Hoffnung für die Menschen auf das Himmelreich gegenüber der Furcht vor der Hölle.

In den Ecken der Vorhalle stoßen vier Engel in Posaunen und blasen zum Jüngsten Gericht. Sie verbinden den Pórtico de la Gloria mit der Darstellung weiterer biblischer Figuren auf der gegenüberliegenden Wand. Unter ihnen erkennt man die hübsche Königin Esther, deren Schönheit angeblich der Grund dafür sein soll, dass Daniel vom linken Hauptpfeiler des Pórtico so verschmitzt lächelnd hinüberblickt. Richtig menschlich geht es zwischen den in der Eintrittshalle versammelten Gestalten zu! Man vergisst rasch, dass sie aus Stein gehauen sind. Vielmehr wirken sie so lebendig, dass man sich in ihre Schar einreihen möchte. Ich hoffe, dabei nicht versehentlich unter die Unwürdigen des Jüngsten Gerichts zu geraten!

Nun endlich treten wir durch den Pórtico de la Gloria in den Innenraum der Kirche. Sie ist an diesem Montag um vier Uhr nachmittags menschenleer. Gemächlichen Schritts nähern wir uns durch das Mittelschiff dem Hauptaltar. Auf ihm thront, in hellem Tageslicht, zentral die prächtige romanische Heiligenfigur des Jakobus. Über den Seitenschiffen sind Emporen angelegt, die sich als Galerien über die gesamte Länge des Mittelschiffs erstrecken. Auf diesen Emporen übernachteten früher Pilger, als es noch nicht genügend Herbergen und Hospitäler in der Stadt gab. Von ihren Nachtlagern hatten sie einen guten Blick auf die Apostelfigur, der sie beruhigt einschlafen ließ. Überhaupt erzeugen der schlichte Aufbau der Kirche, ihre hohen wohl bemessenen Arkaden, das große Tonnengewölbe und die geduckten Emporen eine einzigartige Wirkung. Erhabenheit, Frömmigkeit und Wärme strahlt das Innere der Kathedrale aus.

An einem Pfeiler läuft ein langes Seil zu einem Flaschenzug an der Decke hoch. In Messen an besonderen kirchlichen Festtagen, auf jeden Fall aber zum feierlichen Hochamt am Jakobstag, wird das obere Seilende herabgelassen und daran ein fast ein Meter großes, aus Silber getriebenes Weihrauchgefäß, der Botafumeiro, befestigt. Männer ziehen es hoch und versetzen es dabei so gekonnt in immer weiter ausschlagende Schwingungen, dass es schließlich von der einen Decke des Querschiffs herabsaust, über die Köpfe der Messbesucher zischend und qualmend hinwegfegt und bis zur Decke auf der anderen Seite des Kreuzschiffs wieder hinaufpendelt. Dabei beschreibt das Weihrauchfass einen Halbkreis von fast fünfzig Metern Durchmesser. Die Kunst der Seilzieher besteht freilich nicht nur darin, das schwere Gefäß in gleichmäßigen Schwingungen zu halten, wobei sie zur größten Kraftaufbringung zeitweilig selbst über dem Boden der Kathedrale schweben. Sie müssen vielmehr darauf Acht geben, auch rechtzeitig inne zu halten, damit das Fass nicht gegen die Decke schlägt und auf die Menschen hinabstürzt. Zu ernsthaften Unfällen ist es bei diesem gefährlichen Spektakel bislang noch nicht gekommen.

Über Entstehung und Sinn der Zeremonie wurde viel spekuliert. Der Erzbischof Gelmírez soll sie im Mittelalter begründet zu haben, da er mit dem bombastischen Schauspiel aus-
drücken wollte, Santiago de Compostela gebühre ein ebenso
hoher Rang innerhalb der Kirche wie Rom. Andere Erklä-
rungen besagen, der Brauch gehe auf die Zeit zurück, als auf
den Emporen der Kathedrale noch zahllose Pilger übernachteten. Mit den Weihrauchschwaden habe man eine Desin-
fektion vor eingeschlepptem Ungeziefer und ansteckenden
Krankheiten bewirken, gleichzeitig aber auch den stickigen
Geruch verbrauchter Luft aufbessern wollen. Wie dem auch
sei, tatsächlich hatte Weihrauch längst vor dieser Zeit eine
wichtige Bedeutung als Stoff, der für besondere Zeremonien
auf glühender Holzkohle wohlriechenden Rauch hervorbringt.
Ja, er muss so wertvoll wie Gold gewesen sein, denn wie soll
es sonst zu verstehen sein, dass in der Bibel ausdrücklich darauf hingewiesen wird, einer der Heiligen Drei Könige habe
das Christuskind mit diesem kostbaren Gut beschenkt. Zudem, jeder Messdiener weiß, wie begehrt die Aufgabe im
Hochamt ist, das Weihrauchfass schwenken zu dürfen. Nein,
mir scheint, mit der Bedienung des Botafumeiro werden urei-
genste heidnische Vorlieben des Menschen für glühendes
Feuer und die Erzeugung von Rauch befriedigt, die hier in die
Riten zur Verehrung des Herrn eingebunden werden.

Am Pfeiler legen wir unsere Rucksäcke ab. Unbeschwert
steigen wir die schmale Treppe hinter dem Altar zur statt-
lichen Apostelfigur hinauf. Wir sind am Ziel! Eine Zeit lang
verharre ich hinter dem Corpus des Heiligen, einer Holz-
schnitzerei aus der Romanik, die Anfang des achtzehnten
Jahrhunderts mit Silberplatten und Edelsteinen belegt wurde.
Es ist Sitte, den strahlenden Apostel von hinten zu umarmen
und ihn auf die Schulter zu küssen. Zu so viel Jovialität und
Vertrautheit gegenüber dem ältesten Jünger Jesu, dem
„Freund des Herrn", fühle ich mich aber sonderbarerweise in

diesem Augenblick, dem Höhepunkt meiner Pilgerreise, nicht fähig. Es befällt mich keineswegs die überschäumende Freude, mit der man einem lieben Verwandten oder Freund um den Hals fällt und ihn auf die Wangen küsst, wenn man ihn lange nicht mehr gesehen hat, die man aber wohl braucht, um mit innerer Überzeugung in der traditionellen Manier der Pilger zu verfahren. Jedoch bin ich von der Begegnung mit dem Apostel an diesem Ort weitaus mehr berührt als zu den Augenblicken, als ich an der Geburtsstätte Jesu in Bethlehem betete, vor dem Gnadenbild der Madonna in Tschenstochau niederkniete oder meine Hand auf den Fuß Petri im Dom zu Rom legte – und auch weitaus mehr, als es durch eine solche Geste zum Ausdruck kommen würde. Aus geziemender Distanz lege ich eine Weile meine rechte Hand auf die rechte Schulter des Apostels, gerade so, als wolle ich ihn nur kurz darauf aufmerksam machen, dass wir angekommen sind. Natürlich ist auch diese Geste überflüssig. Da wir alleine in der Kathedrale sind, wird der Heilige Jakobus schon längst bemerkt haben, dass ich hinter ihm stehe. Zugleich aber fühle ich mich durch die Berührung ihm zugehörig. Er lässt mich teilnehmen an all seinen Erlebnissen und Erfahrungen. Er ist für mich in diesem Augenblick die wortlose Verkündigung vom Leben Jesu. Ich glaube, etwas von der Gnade des Herrn, die ihm durch die Berufung zum ersten Jünger seines Vetters zuteil wurde, wird auch von ihm durch diese Begegnung auf uns übergehen. Unsere Pilgerreise, die auf so seltsame Weise zu Stande kam und aus vielen verschiedenen Motiven gespeist war, gipfelt für mich nun in diesem Moment der Ankunft in tiefer religiöser Ergriffenheit. Meine Frau und meine Söhne fühlen ebenso.

Als ich auf der gegenüberliegenden Seite die Stufen der Treppe hinabsteige, frage ich mich, warum dieses Erlebnis so anders war als die in Bethlehem, Tschenstochau und Rom. An vier Dingen mag es gelegen haben, die an den anderen Stellen so nie zusammentrafen: Wir waren ganz allein mit unseren Gedanken in der großen Kathedrale, als die gesamte Familie oben auf der Treppe nahe der Apostelfigur stand, ohne Touristen, ohne störende Geräusche, die uns hätten ablenken können. Wir erkämpften uns die Ankunft beim Apostel durch einen langen Fußweg, dessen körperliche Anstrengungen und Leiden weit über das hinausgingen, was man aus sportlichen oder touristischen Motivationen zu ertragen bereit ist. Wir lernten auf dem Weg das Leben in seiner Einfachheit und dennoch durch all die Gespräche und das Zusammentreffen mit anderen Menschen in einer Vielfalt kennen, wie es bisher nicht zu unseren Erfahrungen zählte. Und schließlich – zu keinem Zeitpunkt spürte ich so intensiv, dass die Familie die kleinste und stärkste Gemeinschaft ist, auf deren Fundament jede Religion, auch das Christentum, bauen muss, um lebendig zu sein. Die Freude über solch beglückende Teilhabe bewog mich, zumal mein Herz von diesen Gefühlen voll war, dieses Buch zu schreiben!

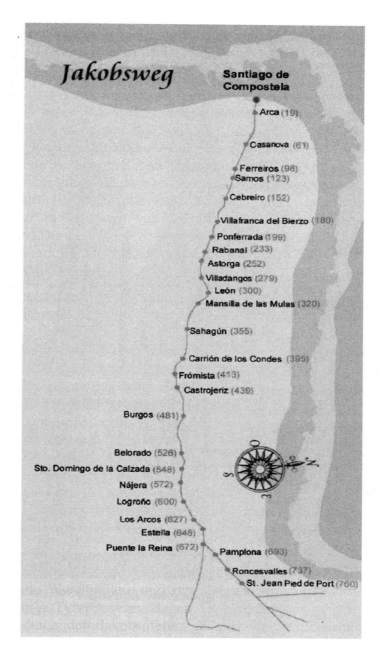

Jakobsweg

Santiago de Compostela

Arca (19)

Casanova (61)

Ferreiros (98)
Samos (123)

Cebreiro (152)

Villafranca del Bierzo (180)

Ponferrada (199)
Rabanal (233)
Astorga (252)
Villadangos (279)
León (300)
Mansilla de las Mulas (320)

Sahagún (355)

Carrión de los Condes (395)
Frómista (413)
Castrojeriz (439)

Burgos (481)

Belorado (526)
Sto. Domingo de la Calzada (548)
Nájera (572)
Logroño (600)
Los Arcos (627)
Estella (648)
Puente la Reina (672)

Pamplona (693)

Roncesvalles (737)
St. Jean Pied de Port (760)